日本漢字能力検定審査基準

10級

程度 小学校第1学年の学習漢字を理解し、文や文章の中で使える。

領域・内容

《読むことと書くこと》 小学校学年別漢字配当表の第1学年の学習漢字を読み、書くことができる。

《筆順》 点画の長短、接し方や交わり方、筆順および総画数を理解している。

9級

程度 小学校第2学年までの学習漢字を理解し、文や文章の中で使える。

領域・内容

《読むことと書くこと》 小学校学年別漢字配当表の第2学年までの学習漢字を読み、書くことができる。

《筆順》 点画の長短、接し方や交わり方、筆順および総画数を理解している。

8級

程度 小学校第3学年までの学習漢字を理解し、文や文章の中で使える。

領域・内容

《読むことと書くこと》 小学校学年別漢字配当表の第3学年までの学習漢字を読み、書くことができる。

- 音読みと訓読みとを理解していること
- 送り仮名に注意して正しく書けること（食べる、楽しい、後ろ　など）
- 対義語の大体を理解していること（勝つ―負ける、重い―軽い　など）
- 同音異字を理解していること（反対、体育、期待、太陽　など）

《筆順》 筆順、総画数を正しく理解している。

《部首》 主な部首を理解している。

7級

程度 小学校第4学年までの学習漢字を理解し、文や文章の中で正しく使える。

領域・内容

《読むことと書くこと》 小学校学年別漢字配当表の第4学年までの学習漢字を読み、書くことができる。

- 音読みと訓読みとを正しく理解していること
- 送り仮名に注意して正しく書けること（等しい、短い、流れる　など）
- 熟語の構成を知っていること
- 対義語の大体を理解していること（入学―卒業、成功―失敗　など）
- 同音異字を理解していること（健康、高校、公共、外交　など）

《筆順》 筆順、総画数を正しく理解している。

《部首》 部首を理解している。

6級

程度 小学校第5学年までの学習漢字を理解し、文章の中で漢字が果たしている役割を知り、正しく使える。

領域・内容

《読むことと書くこと》 小学校学年別漢字配当表の第5学年までの学習漢字を読み、書くことができる。

- 音読みと訓読みとを正しく理解していること
- 送り仮名や仮名遣いに注意して正しく書けること（求める、失う　など）
- 熟語の構成を知っていること（上下、絵画、大木、読書、不明　など）
- 対義語、類義語の大体を理解していること（禁止―許可、平等―均等　など）
- 同音・同訓異字を正しく理解していること

《筆順》 筆順、総画数を正しく理解している。

《部首》 部首を理解している。

5級

程度 小学校第6学年までの学習漢字を理解し、文章の中で漢字が果たしている役割に対する知識を身に付け、漢字を文章の中で適切に使える。

領域・内容

《読むことと書くこと》 小学校学年別漢字配当表の第6学年までの学習漢字を読み、書くことができる。

- 音読みと訓読みとを正しく理解していること
- 送り仮名や仮名遣いに注意して正しく書けること
- 熟語の構成を知っていること
- 対義語、類義語を正しく理解していること
- 同音・同訓異字を正しく理解していること

《四字熟語》 四字熟語を正しく理解している（有名無実、郷土芸能　など）。

《筆順》 筆順、総画数を正しく理解している。

《部首》 部首を理解し、識別できる。

4級

程度 常用漢字※のうち約1300字を理解し、文章の中で適切に使える。

領域・内容

《読むことと書くこと》 小学校学年別漢字配当表のすべての漢字と、その他の常用漢字約300字の読み書きを習得し、文章の中で適切に使える。

- 音読みと訓読みとを正しく理解していること
- 送り仮名や仮名遣いに注意して正しく書けること
- 熟語の構成を正しく理解していること
- 熟字訓、当て字を理解していること（小豆／あずき、土産／みやげ　など）
- 対義語、類義語、同音・同訓異字を正しく理解していること

《四字熟語》 四字熟語を理解している。

《部首》 部首を識別し、漢字の構成と意味を理解している。

※ 常用漢字とは、平成22年（2010年）11月30日付内閣告示による「常用漢字表」に示された2136字をいう。

3級

程度 常用漢字※のうち約1600字を理解し、文章の中で適切に使える。

領域・内容

《読むことと書くこと》 小学校学年別漢字配当表のすべての漢字と、その他の常用漢字約600字の読み書きを習得し、文章の中で適切に使える。

- 音読みと訓読みとを正しく理解していること
- 送り仮名や仮名遣いに注意して正しく書けること
- 熟語の構成を正しく理解していること
- 熟字訓、当て字を理解していること（乙女／おとめ、風邪／かぜ　など）
- 対義語、類義語、同音・同訓異字を正しく理解していること

《四字熟語》 四字熟語を理解している。

《部首》 部首を識別し、漢字の構成と意味を理解している。

※ 常用漢字とは、平成22年（2010年）11月30日付内閣告示による「常用漢字表」に示された2136字をいう。

準2級

程度 常用漢字※1のうち1951字※2を理解し、文章の中で適切に使える。

領域・内容

《読むことと書くこと》 1951字の漢字の読み書きを習得し、文章の中で適切に使える。

- 音読みと訓読みとを正しく理解していること
- 送り仮名や仮名遣いに注意して正しく書けること
- 熟語の構成を正しく理解していること
- 熟字訓、当て字を理解していること（硫黄／いおう、相撲／すもう　など）
- 対義語、類義語、同音・同訓異字を正しく理解していること

《四字熟語》 典拠のある四字熟語を理解している（驚天動地、孤立無援　など）。

《部首》 部首を識別し、漢字の構成と意味を理解している。

※1 常用漢字とは、平成22年（2010年）11月30日付内閣告示による「常用漢字表」に示された2136字をいう。

※2 1951字とは、昭和56年（1981年）10月1日付内閣告示による旧「常用漢字表」の1945字から「勺」「錘」「銑」「脹」「匁」の5字を除いたものに、現行の「常用漢字表」のうち、「茨」「媛」「岡」「熊」「埼」「鹿」「栃」「奈」「梨」「阪」「阜」の11字を加えたものを指す。

2級

程度 すべての常用漢字※を理解し、文章の中で適切に使える。

領域・内容

《読むことと書くこと》 すべての常用漢字の読み書きに習熟し、文章の中で適切に使える。

- 音読みと訓読みとを正しく理解していること
- 送り仮名や仮名遣いに注意して正しく書けること
- 熟語の構成を正しく理解していること
- 熟字訓、当て字を理解していること（海女／あま、玄人／くろうと　など）
- 対義語、類義語、同音・同訓異字などを正しく理解していること

《四字熟語》 典拠のある四字熟語を理解している（鶏口牛後、呉越同舟　など）。

《部首》 部首を識別し、漢字の構成と意味を理解している。

※ 常用漢字とは、平成22年（2010年）11月30日付内閣告示による「常用漢字表」に示された2136字をいう。

準1級

程度 常用漢字を含めて、約3000字※の漢字の音・訓を理解し、文章の中で適切に使える。

領域・内容

《読むことと書くこと》 常用漢字の音・訓を含めて、約3000字の漢字の読み書きに慣れ、文章の中で適切に使える。

- 熟字訓、当て字を理解していること
- 対義語、類義語、同音・同訓異字などを理解していること
- 国字を理解していること（峠、凧、畠　など）
- 複数の漢字表記について理解していること（國―国、交叉―交差　など）

《四字熟語・故事・諺》 典拠のある四字熟語、故事成語・諺を正しく理解している。

《古典的文章》 古典的文章の中での漢字・漢語を理解している。

※ 約3000字の漢字は、JIS第一水準を目安とする。

1級

程度 常用漢字を含めて、約6000字※の漢字の音・訓を理解し、文章の中で適切に使える。

領域・内容

《読むことと書くこと》 常用漢字の音・訓を含めて、約6000字の漢字の読み書きに慣れ、文章の中で適切に使える。

- 熟字訓、当て字を理解していること
- 対義語、類義語、同音・同訓異字などを理解していること
- 国字を理解していること（怺える、毟る　など）
- 地名・国名などの漢字表記（当て字の一種）を知っていること
- 複数の漢字表記について理解していること（鹽―塩、颱風―台風　など）

《四字熟語・故事・諺》 典拠のある四字熟語、故事成語・諺を正しく理解している。

《古典的文章》 古典的文章の中での漢字・漢語を理解している。

※ 約6000字の漢字は、JIS第一・第二水準を目安とする。

「漢検」級別 主な出題内容

10級 …対象漢字数 80字
漢字の読み／漢字の書取／筆順・画数

9級 …対象漢字数 240字
漢字の読み／漢字の書取／筆順・画数

8級 …対象漢字数 440字
漢字の読み／漢字の書取／部首・部首名／筆順・画数／送り仮名／対義語／同じ漢字の読み

7級 …対象漢字数 642字
漢字の読み／漢字の書取／部首・部首名／筆順・画数／送り仮名／対義語／同音異字／三字熟語

6級 …対象漢字数 835字
漢字の読み／漢字の書取／部首・部首名／筆順・画数／送り仮名／対義語・類義語／同音・同訓異字／三字熟語／熟語の構成

5級 …対象漢字数 1026字
漢字の読み／漢字の書取／部首・部首名／筆順・画数／送り仮名／対義語・類義語／同音・同訓異字／誤字訂正／四字熟語／熟語の構成

4級 …対象漢字数 1339字
漢字の読み／漢字の書取／部首・部首名／送り仮名／対義語・類義語／同音・同訓異字／誤字訂正／四字熟語／熟語の構成

3級 …対象漢字数 1623字
漢字の読み／漢字の書取／部首・部首名／送り仮名／対義語・類義語／同音・同訓異字／誤字訂正／四字熟語／熟語の構成

準2級 …対象漢字数 1951字
漢字の読み／漢字の書取／部首・部首名／送り仮名／対義語・類義語／同音・同訓異字／誤字訂正／四字熟語／熟語の構成

2級 …対象漢字数 2136字
漢字の読み／漢字の書取／部首・部首名／送り仮名／対義語・類義語／同音・同訓異字／誤字訂正／四字熟語／熟語の構成

準1級 …対象漢字数 約3000字
漢字の読み／漢字の書取／故事・諺／対義語・類義語／同音・同訓異字／誤字訂正／四字熟語

1級 …対象漢字数 約6000字
漢字の読み／漢字の書取／故事・諺／対義語・類義語／同音・同訓異字／誤字訂正／四字熟語

※ここに示したのは出題分野の一例です。毎回すべての分野から出題されるとは限りません。また、このほかの分野から出題されることもあります。

日本漢字能力検定採点基準 最終改定：平成25年4月1日

1 採点の対象
筆画を正しく、明確に書かれた字を採点の対象とし、くずした字や、乱雑に書かれた字は採点の対象外とする。

2 字種・字体
①2～10級の解答は、内閣告示「常用漢字表」（平成二十二年）による。ただし、旧字体での解答は正答とは認めない。
②1級および準1級の解答は、『漢検要覧 1／準1級対応』（公益財団法人日本漢字能力検定協会発行）に示す「標準字体」「許容字体」「旧字体一覧表」による。

3 読み
①2～10級の解答は、内閣告示「常用漢字表」（平成二十二年）による。
②1級および準1級の解答には、①の規定は適用しない。

4 仮名遣い
仮名遣いは、内閣告示「現代仮名遣い」による。

5 送り仮名
送り仮名は、内閣告示「送り仮名の付け方」による。

6 部首
部首は、『漢検要覧 2～10級対応』（公益財団法人日本漢字能力検定協会発行）収録の「部首一覧表と部首別の常用漢字」による。

7 筆順
筆順の原則は、文部省編『筆順指導の手びき』（昭和三十三年）による。常用漢字一字一字の筆順は、『漢検要覧 2～10級対応』収録の「常用漢字の筆順一覧」による。

8 合格基準

級	満点	合格
1級／準1級／2級	二〇〇点	八〇％程度
準2級／3級／4級／5級／6級／7級	二〇〇点	七〇％程度
8級／9級／10級	一五〇点	八〇％程度

※部首、筆順は『漢検 漢字学習ステップ』など公益財団法人日本漢字能力検定協会発行図書でも参照できます。

「漢検」受検の際の注意点

【字の書き方】

問題の答えは楷書で大きくはっきり書きなさい。乱雑な字や続け字、また、行書体や草書体のようにくずした字は採点の対象とはしません。

特に漢字の書き取り問題では、答えの文字は教科書体をもとにして、はねるところ、とめるところなどもはっきり書きましょう。また、画数に注意して、一画一画を正しく、明確に書きなさい。

《例》
○熱 ×熱
○言 ×言
○糸 ×糸

【字種・字体について】

(1)日本漢字能力検定2～10級においては、「常用漢字表」に示された字種で書きなさい。つまり、表外漢字（常用漢字表にない漢字）を用いると、正答とは認められません。

《例》
○交差点 ×交叉点 （「叉」が表外漢字）
○寂しい ×淋しい （「淋」が表外漢字）

(2)日本漢字能力検定2～10級においては、「常用漢字表」に示された字体で書きなさい。なお、「常用漢字表」に参考として示されている康熙《こうき》字典体など、旧字体と呼ばれているものを用いると、正答とは認められません。

《例》
○真 ×眞
○飲 ×飮
○弱 ×弱
○渉 ×涉
○迫 ×迫

(3)一部例外として、平成22年告示「常用漢字表」で追加された字種で、許容字体として認められているものや、その筆写文字と印刷文字との差が習慣の相違に基づくとみなせるものは正答と認めます。

《例》
餌 → 餌 と書いても可
遜 → 遜 と書いても可
葛 → 葛 と書いても可
溺 → 溺 と書いても可
箸 → 箸 と書いても可

注意
(3)において、どの漢字が当てはまるかなど、一字一字については、当協会発行図書（2級対応のもの）掲載の漢字表で確認してください。

1 受検級を決める

受検資格　制限はありません
実施級　1、準1、2、準2、3、4、5、6、7、8、9、10級
検定会場　全国主要都市約170か所に設置
（実施地区は検定の回ごとに決定）

2 検定に申し込む

インターネットにてお申し込みください。
ホームページ https://www.kanken.or.jp/ からお申し込みができます（クレジットカード決済、コンビニ決済が可能です）。
下記の二次元コードから日本漢字能力検定協会ホームページへ簡単にアクセスできます。

※申込方法など、変更になることがございます。最新の情報はホームページをご確認ください。

注意

①家族・友人と同じ会場での受検を希望する方は、検定料のお支払い完了後、申込締切日の2営業日後までに協会（お問い合わせフォーム）までお知らせください。
②障がいがあるなど、身体的・精神的な理由により、受検上の配慮を希望される方は、申込締切日までに協会（お問い合わせフォーム）までご相談ください（申込締切日以降のお申し出には対応できかねます）。
③検定料を支払われた後は、受検級・受検地を含む内容変更および取り消し・返金は、いかなる場合もできません。また、次回以降の振り替え、団体受検や漢検CBTへの変更もできません。

3 受検票が届く

受検票は検定日の**約1週間前にお届け**します。4日前になっても届かない場合、協会までお問い合わせください。

お問い合わせ窓口

電話番号 フリーコール **0120-509-315**（無料）
（海外からはご利用いただけません。ホームページよりメールでお問い合わせください。）

お問い合わせ時間　月～金　9時00分～17時00分
（祝日・お盆・年末年始を除く）
※検定日とその前日の土、日は開設
※検定日は9時00分～18時00分

メールフォーム　https://www.kanken.or.jp/kanken/contact/

4 検定日当日

検定時間
2級：10時00分～11時00分（60分間）
準2級：11時50分～12時50分（60分間）
8・9・10級：11時50分～12時30分（40分間）
1・3・5・7級：13時40分～14時40分（60分間）
準1・4・6級：15時30分～16時30分（60分間）

持ち物　受検票、鉛筆（HB、B、2Bの鉛筆またはシャープペンシル）、消しゴム
※ボールペン、万年筆などの使用は認められません。ルーペ持ち込み可。

注意

①**会場への車での来場**（送迎を含む）**は、周辺の迷惑になりますのでご遠慮ください。**
②検定開始時刻の15分前を目安に受検教室までお越しください。答案用紙の記入方法などを説明します。
③携帯電話やゲーム、電子辞書などは、電源を切り、かばんにしまってから入場してください。
④検定中は受検票を机の上に置いてください。
⑤答案用紙には、あらかじめ名前や生年月日などが印字されています。
⑥検定日の約5日後に漢検ホームページにて標準解答を公開します。

5 合否の通知

検定日の約40日後に、受検者全員に「検定結果通知」を郵送します。合格者には「合格証書」・「合格証明書」を同封します。欠席者には検定問題と標準解答をお送りします。
受検票は検定結果が届くまで大切に保管してください。

注目 進学・就職に有利！ 合格者全員に合格証明書発行

大学・短大の推薦入試の提出書類に、また就職の際の履歴書に添付してあなたの漢字能力をアピールしてください。合格者全員に、合格証書と共に合格証明書を2枚、無償でお届けいたします。

合格証明書が追加で必要な場合は有償で再発行できます。

次の❶～❹を同封して、協会までお送りください。約1週間後、お手元にお届けします。

❶合格証明書再発行申請書（漢検ホームページよりダウンロード可能）もしくは氏名・住所・電話番号・生年月日、および受検年月日・受検級を明記したもの
❷本人確認資料（学生証、運転免許証、健康保険証など）のコピー
❸住所・氏名を表に明記し切手を貼《は》った返信用封筒
❹証明書1枚につき発行手数料として500円の定額小為替

◆団体受検の申し込み

学校や企業などで志願者が一定以上まとまると、団体申込ができ、自分の学校や企業内で受検できる制度もあります。団体申込を扱っているかどうかは先生や人事関係の担当者に確認してください。

「漢検」受検 Q&A

●検定当日について

Q 検定当日の持ち物は？

A 鉛筆またはシャープペンシル（HB・B・2B）、消しゴム、受検票（公開会場の場合）を必ず持参してください。ボールペンや万年筆、こすって消せるペン（摩擦《まさつ》熱で無色になる特殊なインクを使ったペン）などの使用は認められません。

印刷されている文字が小さくて見えにくい方は、ルーペ（拡大鏡）を使ってもかまいません。

また、時間の確認のため、腕時計を持参してもかまいません。ただし、携帯電話を時計代わりに使うことはできません。検定会場内で携帯電話やその他電子機器を使用すると、不正行為とみなされ失格となります。

●答案について

Q 標準解答の見方は？

A 例 無粋 / 不粋

「無粋」「不粋」どちらでも正解とします。

ぶんぴ / ぶんぴつ

「ぶんぴ」「ぶんぴつ」どちらでも正解とします。

Q 標準解答に、複数の答えが示されている場合、そのすべてを答えないと正解にならないのか？

A 標準解答に、複数の答えが示されている場合、そのうちどれか一つが正しく書けていれば正解とします。すべてを書く必要はありません。

なお、答えを複数書いた場合、そのなかの一つでも間違っていれば不正解としますので、注意してください。

例 問題 次の――線の**漢字の読み**を**ひらがな**で記せ。

現在の地位に執着する。

標準解答　しゅうじゃく / しゅうちゃく

解答例　しゅうじゃく……○

しゅうちゃく……○

しゅうじゃく しゅうちゃく……○

しっちゃく しゅうちゃく……×

Q 答えを漢字で書く際に注意することは？

A 漢字は、楷書《かいしょ》で丁寧《ていねい》に、解答欄内に大きくはっきりと書いてください。くずした字や乱雑な字などは採点の対象外とします。教科書体を参考にして、はねるところ、とめるところなどもはっきり書きましょう。

特に、次に示す点に注意してください。

①画数を正しく書く

例 様…○　様…×

②字の骨組みを正しく書く

例 踏…○　踏…×

③突き出るところ、突き出ないところを正しく書く

例 降…○　降…×

④字の組み立てを正しく書く

例 薄…○　薄…×

⑤一画ずつ丁寧に書く

例 改…○　改…×

⑥よく似た別の字（または字の一部分）と区別がつくように書く

例 干／千

Q 答えをひらがなで書く際に注意することは？

A 漢字を書くときと同様に、楷書で丁寧に書いてください。

特に、次に示す点に注意してください。

①バランスがくずれると区別がつきにくくなる字は、区別がつくように丁寧に書く

例 い／り　か／や　く／し

て／へ　ゆ／わ　い／こ

②拗音《ようおん》「ゃ」「ゅ」「ょ」や促音「っ」は小さく右に寄せて書く

例 いしゃ…○　いしや…×

がっこう…○　がつこう…×

③濁点「゛」や半濁点「゜」をはっきり書く

例 が…○　が…×　が…×

ぱ…○　ば…×　ば…×

④一画ずつ丁寧に書く

例 な…○　な…×　ふ…○　ふ…×

う…○　う…×　も…○　も…×

Q 2～10級の検定で、旧字体や「常用漢字表」に示されていない漢字（表外漢字）、歴史的仮名遣いを用いて答えてもよいか？

A 2～10級の解答には、常用漢字および現代仮名遣いを用いてください。旧字体や表外漢字、歴史的仮名遣いを用いた解答は不正解とします。

また、「常用漢字表」に示されていない読み（表外読み）を用いた解答も不正解とします。

例1
問題　次の――線の**カタカナ**を**漢字**に直せ。
信号がテンメツしている。
解答例　点滅……○
點滅……×　「點」が旧字体

例2
問題　次の――線の**漢字の読み**を**ひらがな**で記せ。
池にうっすらと氷がはる。
解答例　こおり……○
こほり……×　「こほり」は歴史的仮名遣い

例3
問題　次の――線の**カタカナ**を**漢字**に直せ。
紙くずをごみ箱にスてる。
解答例　捨……○
棄……×　「棄」の訓読み「す（てる）」は表外読み

Q 次の例ではどちらが正しい書き方か？

A
言「言」か「言」か
条「条」か「条」か
令「令」か「令」か

どちらの書き方でも正解とします。

こうした違いについては、「常用漢字表」の「（付）字体についての解説」に、「印刷文字と手書き文字におけるそれぞれの習慣の相違に基づく表現の差と見るべきもの」として例示されており、字体としては同じ（どちらで書いてもよい）とされています。

Q 「比」「衣」「越」などは「レ」と書くのか「し」と書くのか？

A 「比」「衣」「越」などの「レ」の部分は、活字のデザインにおいて、一画で書く「し」の折れを強調したものです。

検定では、次に示す教科書体を手本にして、「し」のように一画で書いてください。

例
衣　越　猿　仰　氏　紙　長
底　展　農　比　民　裏　留

Q 解答方法で注意することは？

A 問題文をよく読んで答えましょう。答える部分や答え方など、問題文に指定がある場合は、必ずそれに従って答えてください。問題文の指定に合っていない答えは不正解とします。

特に、次に示す点に注意してください。

①「答えを一字書きなさい」と指定があれば「一字」のみ答える

例
問題　後の□内のひらがなを**漢字**に直して□に入れ、**四字熟語**を完成せよ。
□内のひらがなは一度だけ使い、**答案用紙**に**一字記入**せよ。
新進気□　い・えい・えん・かん
解答例　鋭……○
気鋭……×
新進気鋭……×

②「ひらがなで書きなさい」と指定があれば「ひらがな」で答える

例
問題　次の――線の**カタカナ**を**漢字一字と送りがな（ひらがな）**に直せ。
交番で道を**タズネル**。
解答例　尋ねる……○　尋ネル……×

③「――線の漢字の読みを書きなさい」と指定があれば「――線」部分のみ答える

例
問題　次の――線の**漢字の読み**を**ひらがな**で記せ。
駅の昇降口が混雑している。
解答例　しょうこう……○
しょうこうぐち……×

学習後、各設問の正答率を計算し、レーダーチャートを作成してみましょう。

試験問題	1	2	3
学習日	／	／	／
得点	点	点	点

	設問 項目名	読み（一）	同音・同訓異字（二）	漢字識別（三）	熟語の構成（四）	部首（五）	対義語・類義語（六）	漢字と送りがな（七）	四字熟語（八）	誤字訂正（九）	書き取り（十）
	問題数	30	15	5	10	10	10	5	10	5	20
正答数	1										
	2										
	3										
正答率	1	%	%	%	%	%	%	%	%	%	%
	2	%	%	%	%	%	%	%	%	%	%
	3	%	%	%	%	%	%	%	%	%	%

試験問題 1

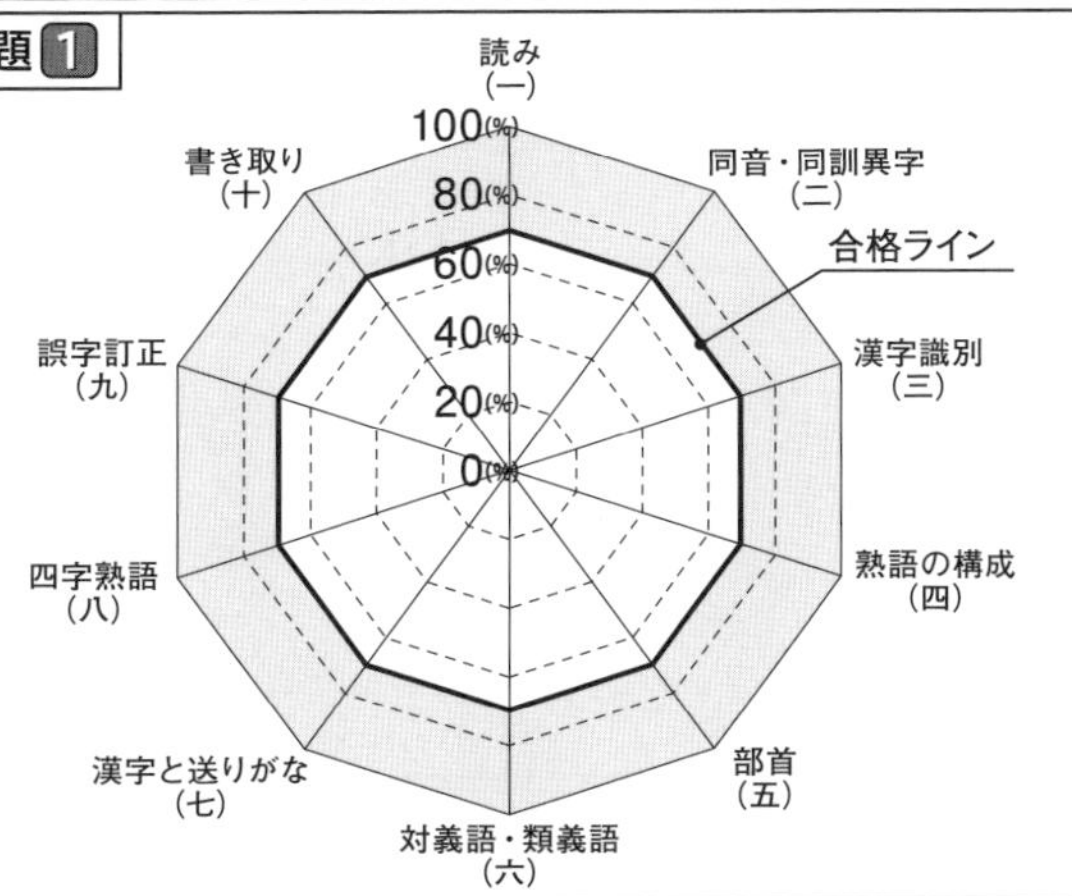

試験問題 2

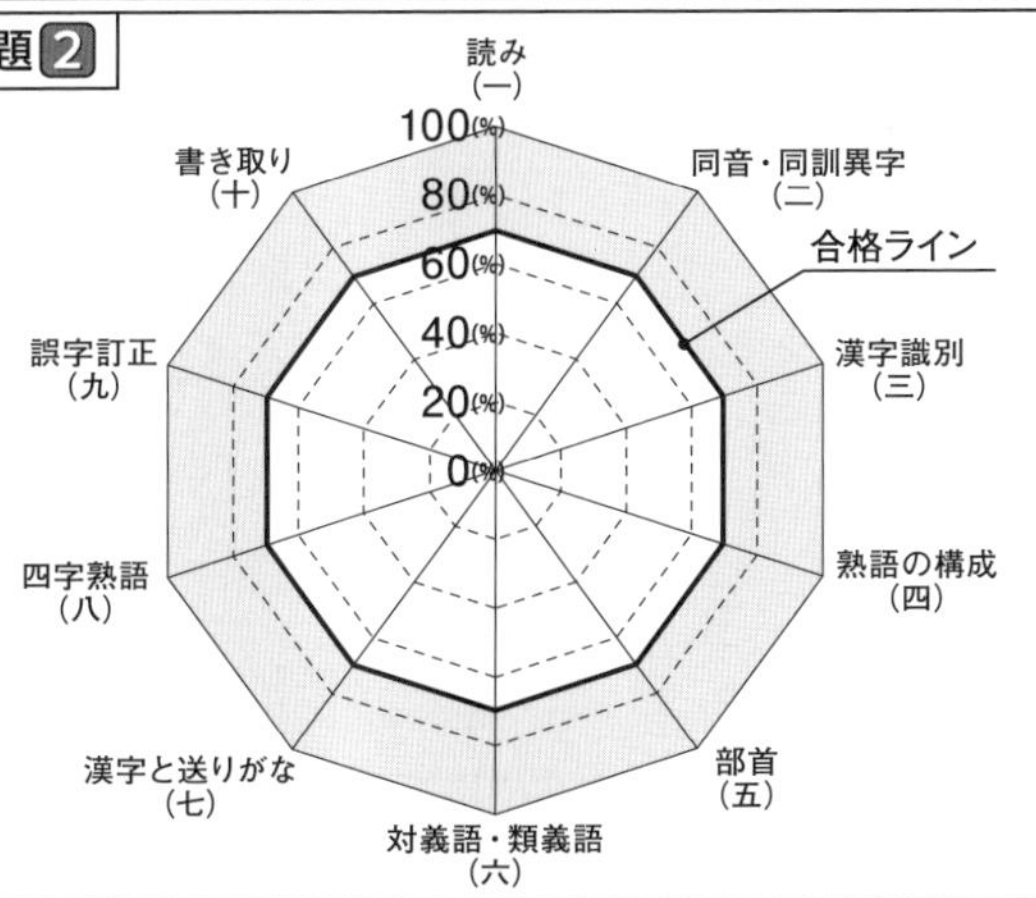

試験問題 3

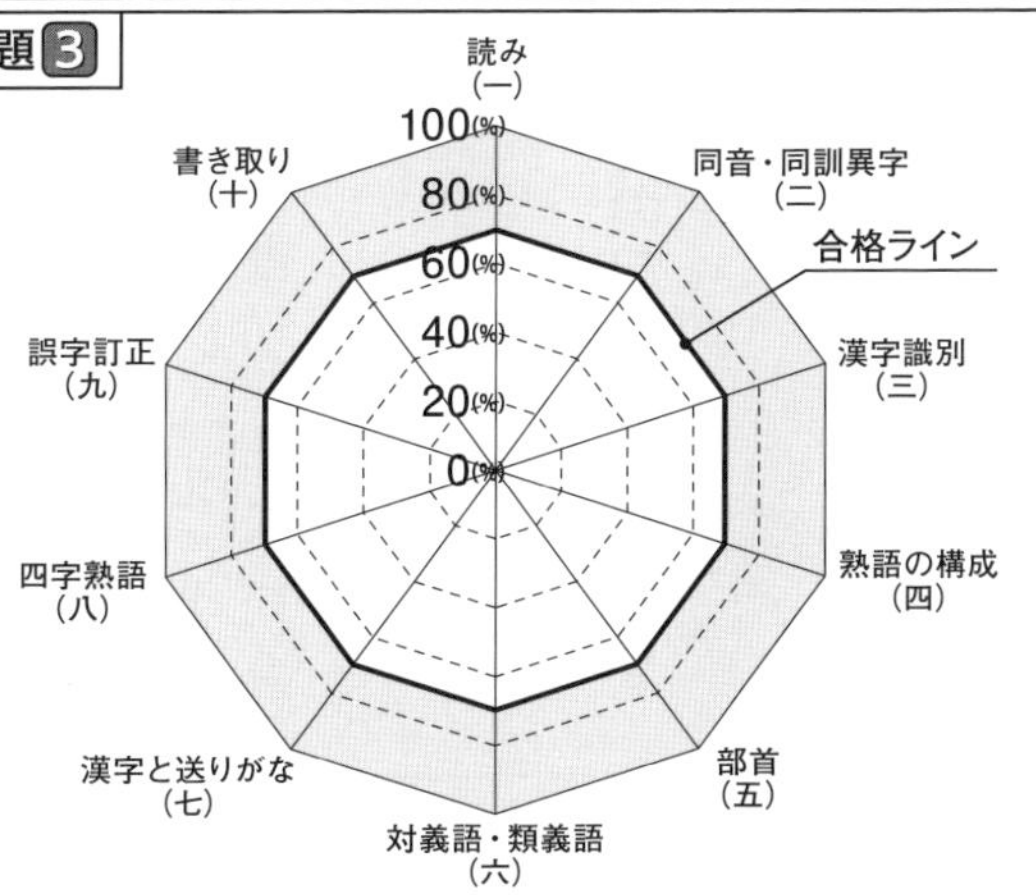

試験問題	4	5
学習日	／	／
得点	点	点

	設問 項目名	読み（一）	同音・同訓異字（二）	漢字識別（三）	熟語の構成（四）	部首（五）	対義語・類義語（六）	漢字と送りがな（七）	四字熟語（八）	誤字訂正（九）	書き取り（十）
	問題数	30	15	5	10	10	10	5	10	5	20
正答数	4										
	5										
正答率	4	%	%	%	%	%	%	%	%	%	%
	5	%	%	%	%	%	%	%	%	%	%

試験問題 4

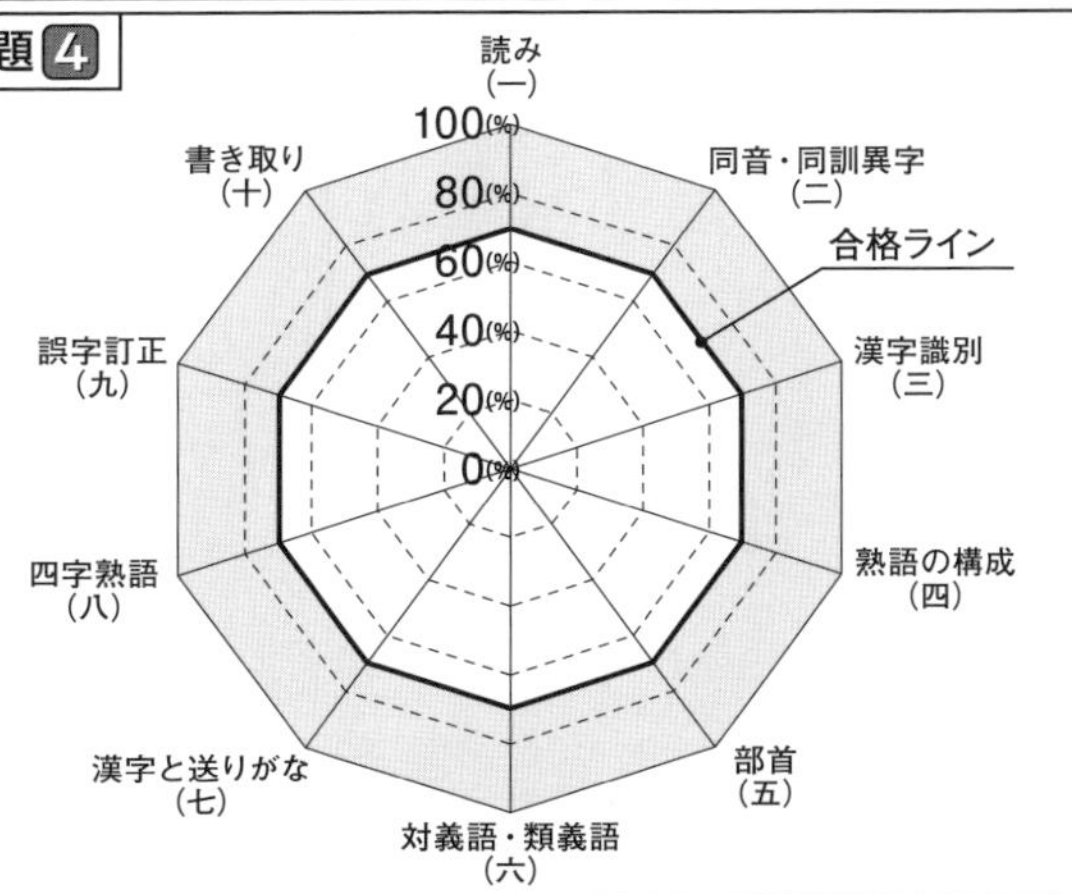

試験問題 5

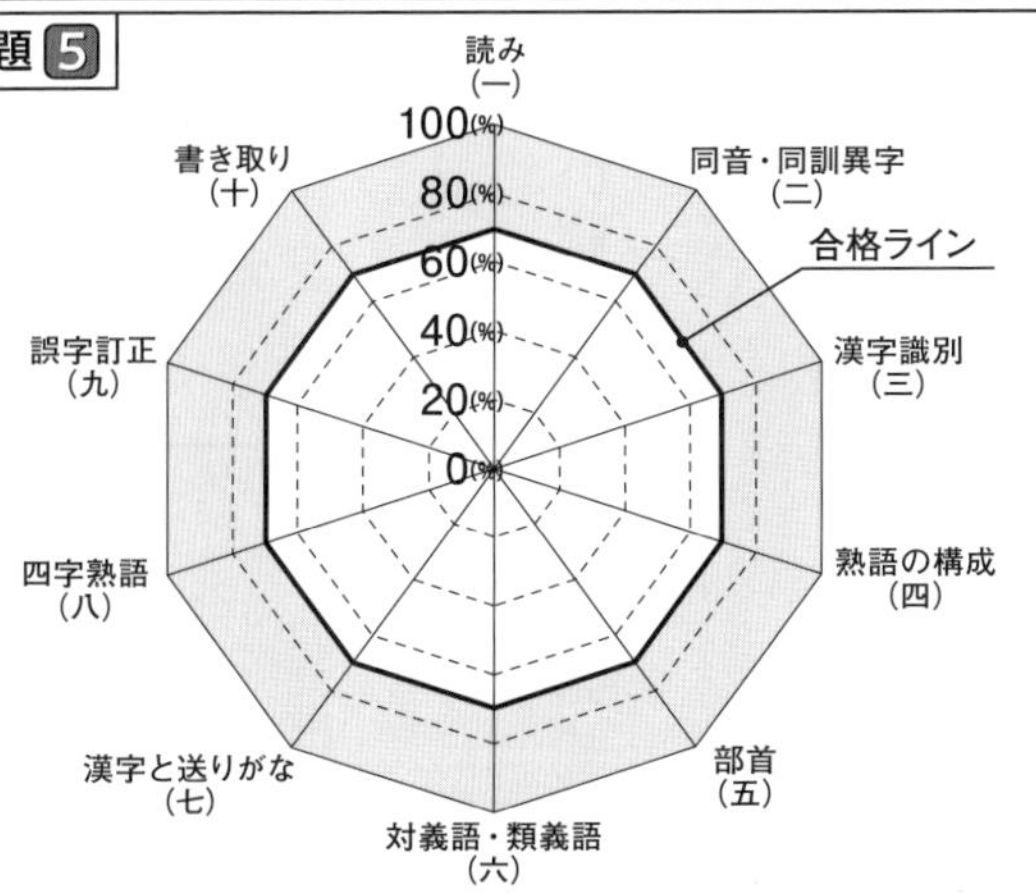

レーダーチャートの作り方

試験問題を解き終わったら標準解答で答え合わせをし、表に正答数を書き込みましょう。

正答率の計算のしかた

$$正答率（\%）= \frac{正答数}{問題数} \times 100$$

正答数と問題数から正答率を計算し、
レーダーチャートを作成してみましょう。
できあがったレーダーチャートから
自分の苦手分野を確認できます。

漢検 **3級**

2020年度 日本漢字能力検定 試験問題 1

検定日 2020年10月23日

（公財）日本漢字能力検定協会

氏名

設問(一)～(五)の答えは別紙（答案用紙）の解答欄（ア・イ・ウ・エ…）に一つだけマークすること。※それ以外の設問はマークシート方式ではありません。

解答には、「常用漢字表」に示された漢字の字体、読みを使用すること。旧字体での解答は認めない。

(一) 次の――線の**漢字の読み**を**ひらがな**で記せ。 (30) 1×30

1 学問に純粋な情熱を抱く。
2 被害者から事情を聴取する。
3 講演を聞いて大いに啓発された。
4 大小の古墳が点在する丘陵を歩く。
5 何も知らないと強情に言い張った。
6 哲学者の思考の軌跡をたどる。
7 各国が連携して被災国を支援する。
8 ラジオで全国の気象概況を聞く。
9 幽玄な趣のある庭に案内された。
10 負傷した選手を担架で運ぶ。
11 職場の殺伐とした空気になじめない。
12 国境に警備兵が常駐している。
13 卒業生に激励の言葉を贈る。
14 惜別の情をよんだ漢詩を朗詠する。
15 政権の転覆が企てられていた。
16 新しい芸術の胎動が聞こえてくる。
17 市が主催する美術展に出品する。
18 道路を占拠したデモ隊を排除する。
19 長く先生の作風を模倣していた。
20 虚飾に満ちた生活にはまり込む。
21 一言も言い返せず悔しい思いをした。
22 目の粗い網を使って漁をする。
23 しかられるとすぐに膨れる。
24 にわかに雲行きが怪しくなった。
25 内閣府直属の専門委員会に諮る。
26 自然食品の需要が伸びる。
27 稲の穂先が出そろった。
28 欺かれていることを知らなかった。
29 幕末の激動期に侍の家に生まれた。
30 グラウンドに祝福の紙吹雪が舞う。

(二) 次の――線の**カタカナ**にあてはまる漢字をそれぞれの**ア～オ**から**一つ**選び、**記号にマーク**せよ。 (30) 2×15

1 道路が東西に分**キ**する。
2 **キ**定の方式に従う。
3 上告が**キ**却された。
（ア 棄 イ 起 ウ 既 エ 企 オ 岐）

4 季節が一**ジュン**して再び春になった。
5 物資が**ジュン**沢にある。
6 交通法規を**ジュン**守する。
（ア 準 イ 巡 ウ 遵 エ 潤 オ 盾）

7 結婚後も旧**セイ**を名乗る。
8 事故で多数の犠**セイ**者が出た。
9 議会に**セイ**願書を提出する。
（ア 性 イ 牲 ウ 姓 エ 誠 オ 請）

10 静かな湖**ハン**を散歩する。
11 青海原をヨットが**ハン**走する。
12 通訳として外相に随**ハン**する。
（ア 伴 イ 畔 ウ 搬 エ 帆 オ 繁）

13 首都に厳戒態勢が**シ**かれた。
14 **シ**いて隠す程のことではない。
15 **シ**めて八百円の買い物になった。
（ア 強 イ 占 ウ 絞 エ 締 オ 敷）

(三) 1～5の三つの□に**共通する漢字**を入れて熟語を作れ。漢字は**ア～コ**から**一つ**選び、**記号にマーク**せよ。 (10) 2×5

1 沈□・□留・□納
2 □素・□母・□発
3 □突・□動・□折
4 □問・□劣・□賢
5 □布・□原・□陰

ア 慰 イ 愚 ウ 塗 エ 激 オ 酵
カ 滞 キ 黙 ク 窒 ケ 湿 コ 衝

(四) **熟語の構成**のしかたには次のようなものがある。 (20) 2×10

ア 同じような意味の漢字を重ねたもの （**岩石**）
イ 反対または対応の意味を表す字を重ねたもの （**高低**）
ウ 上の字が下の字を修飾しているもの （**洋画**）
エ 下の字が上の字の目的語・補語になっているもの （**着席**）
オ 上の字が下の字の意味を打ち消しているもの （**非常**）

次の熟語は右の**ア～オ**のどれにあたるか、**一つ**選び、**記号にマーク**せよ。

1 墜落
2 痛恨
3 換言
4 未熟
5 彼我
6 家畜
7 摂取
8 長幼
9 免税
10 内紛

(五) 次の漢字の**部首**を**ア～エ**から**一つ**選び、**記号にマーク**せよ。 (10) 1×10

1 克 （ア 一 イ 十 ウ 口 エ 儿）
2 冠 （ア 冖 イ 二 ウ 儿 エ 寸）
3 射 （ア ノ イ 寸 ウ 丶 エ 身）
4 暮 （ア 艹 イ 日 ウ 一 エ 大）
5 擁 （ア 亠 イ 幺 ウ 扌 エ 隹）
6 農 （ア 曰 イ 厂 ウ 二 エ 辰）
7 礎 （ア 石 イ 木 ウ 人 エ 疋）
8 葬 （ア 艹 イ 歹 ウ 匕 エ 廾）
9 虐 （ア 厂 イ 广 ウ 虍 エ 二）
10 趣 （ア 耳 イ 又 ウ 土 エ 走）

問題【1まいめ】

3級

この面の設問㈥〜㈩はマークシート方式ではありません。答えは別紙（答案用紙）に書くこと。

氏名

㈥ 後の□内のひらがなを漢字に直して□に入れ、対義語・類義語を作れ。□内のひらがなは一度だけ使い、答案用紙に一字記入せよ。（20）2×10

対義語

1 一般—特□
2 逆境—□境
3 却下—受□
4 興隆—□退
5 率先—□随

類義語

6 現職—現□
7 案内—誘□
8 熱中—□頭
9 決心—覚□
10 利口—賢□

えき・ご・しゅ・じゅん
すい・つい・どう・ぼっ
めい・り

㈦ 次の——線のカタカナを漢字一字と送りがな（ひらがな）に直せ。（10）2×5

〈例〉問題にコタエル。　答える

1 病気がようやく快方にオモムイた。
2 請求金額にサービス料をフクメル。
3 寄付者に名前をフセルよう頼まれた。
4 あらゆる手段をココロミル。
5 薬の効き目はイチジルシカッた。

㈧ 文中の四字熟語の——線のカタカナを漢字に直せ。答案用紙に二字記入せよ。（20）2×10

1 何をやってもキヨウ貧乏におわった。
2 ジダイ錯誤の発想に閉口する。
3 船頭がカンキュウ自在にさおを操る。
4 ソウイ工夫の足りない作品が目立つ。
5 事件をシンショウ棒大に言いふらす。
6 新進キエイの脳科学者が脚光を浴びる。
7 夫婦は一心ドウタイと言われてきた。
8 委員会は既に有名ムジツと化していた。
9 教授の高論タクセツに心底感服した。
10 独りよがりの笑止センバンな言い分だ。

㈨ 次の各文にまちがって使われている同じ読みの漢字が一字ある。上に誤字を、下に正しい漢字を記せ。（10）2×5

1 市は障害者の社会参加促進のため福祉事業所や企業に働く場を拡保した。
2 虐待されたり捨てられたりした動物を保護して新しい飼い主に譲途する。
3 改正健康増進法が全面施行され公協交通機関は原則として禁煙となった。
4 世界各地の火山の噴火には巨大地震に誘発されたと見られるものがある。
5 かつて騎馬軍団が疾苦し隊商が行きかったアジアの草原を調査に訪れる。

㈩ 次の——線のカタカナを漢字に直せ。（40）2×20

1 割れるようなハクシュがわき起こる。
2 昨夜フキツな夢を見た。
3 差し当たって食費をケンヤクする。
4 虫イッピキ殺せない優しい人だ。
5 静かでヘイボンな日々を送る。
6 作業が定刻にシュウリョウした。
7 真夏のエンテンカで働く。
8 名高い武将にカカンに戦いをいどむ。
9 言論の自由がヨクアツされていた。
10 問い詰められてハクジョウする。
11 戦争でこの世のジゴクを味わった。
12 世間一般のシャクドに合わせる。
13 駅前の広場が多くの人々でウまる。
14 休暇が続いてナマけ癖がついた。
15 粗悪品の販売で顧客の信頼がユらぐ。
16 予算が大幅にケズられた。
17 アワい色合いのワンピースを着る。
18 旅のナカばで病に倒れた。
19 目に強いニクしみがこもっていた。
20 自分のオい立ちを折に触れ語った。

——おわり——

▼標準解答は27ページ

3級

漢検

2020年度

日本漢字能力検定 答案用紙1

検定日 2020年10月23日

答案 おもて

答えはすべてこの用紙に記入してください。

注意点がうらにありますので、よく読んでから解答してください。
(一)・(六)～(十)は記述式、(二)～(五)はマークシート方式です。
(二)～(五)の答えは該当する「 」に一つだけマークしてください。
この用紙をおりまげたり、よごしたりしないでください。

会場番号	会場名	受検番号	氏名	ふりがな	訂正	性別
0 1 2 3 4 5 6 7 8 9		0 1 2 3 4 5 6 7 8 9	※印字されていない場合は氏名を記入。		※氏名に誤りがある場合、右上の訂正「 」にマークし、正しい氏名を記入。	男「 」 女「 」

生年月日 西暦 ＿年＿月＿日　※印字されていない場合は、□の中に生年月日を記入。

＜記入例＞ 生年月日が2001年（平成13年）1月1日なら 2001年01月01日

訂正「 」 西暦 ＿年＿月＿日　※生年月日に誤りがある場合、訂正「 」にマークし、■の中に正しい生年月日を記入。

マーク記入例　○のように「 」をきれいにぬりつぶしてください。　○ ×

ご記入いただきました個人情報は、当協会の検定にかかわる業務にのみ使用します。
（ただし、検定にかかわる業務に際し、業務提携会社に作業を委託する場合があります。）
ご記入いただきました個人情報にかかわるお問い合わせは、下記までお願いします。
（公財）日本漢字能力検定協会　https://www.kanken.or.jp/privacy/

(一) 読み (30)

1	2	3	4	5	6	7	8	9	10	11	12	13	14	15	16	17	18	19	20	21	22	23	24	25	26	27	28	29	30

1×30

(二) 同音・同訓異字 (30)

1	2	3	4	5	6	7	8	9	10	11	12	13	14	15
ア イ ウ エ オ	ア イ ウ エ オ	ア イ ウ エ オ	ア イ ウ エ オ	ア イ ウ エ オ	ア イ ウ エ オ	ア イ ウ エ オ	ア イ ウ エ オ	ア イ ウ エ オ	ア イ ウ エ オ	ア イ ウ エ オ	ア イ ウ エ オ	ア イ ウ エ オ	ア イ ウ エ オ	ア イ ウ エ オ

2×15

(三) 漢字識別 (10)

1	2	3	4	5
ア イ ウ エ オ / カ キ ク ケ コ	ア イ ウ エ オ / カ キ ク ケ コ	ア イ ウ エ オ / カ キ ク ケ コ	ア イ ウ エ オ / カ キ ク ケ コ	ア イ ウ エ オ / カ キ ク ケ コ

2×5

(四) 熟語の構成 (20)

1	2	3	4	5	6	7	8	9	10
ア イ ウ エ オ	ア イ ウ エ オ	ア イ ウ エ オ	ア イ ウ エ オ	ア イ ウ エ オ	ア イ ウ エ オ	ア イ ウ エ オ	ア イ ウ エ オ	ア イ ウ エ オ	ア イ ウ エ オ

2×10

(五) 部首 (10)

1	2	3	4	5	6	7	8	9	10
ア イ ウ エ	ア イ ウ エ	ア イ ウ エ	ア イ ウ エ	ア イ ウ エ	ア イ ウ エ	ア イ ウ エ	ア イ ウ エ	ア イ ウ エ	ア イ ウ エ

1×10

マーク記入方法	「 」の上から下までＨＢ・Ｂ・２Ｂの鉛筆またはシャープペンシルできれいにぬりつぶしてください。 間違ってマークしたものは鉛筆の黒いあとが残らないように消しゴムできれいに消してください。
マーク記入注意	次のような解答は機械が正しく読み取らず、無効となりますのでご注意ください。 ボールペンでのマーク・うすいマーク・「 」からはみ出ているマーク・「 」を２つ以上ぬりつぶしているマーク

マーク記入例　アが正解　〈良い例〉　〈悪い例〉　※〈良い例〉のように「 」をきれいにぬりつぶしてください。

※うらへつづく

（六）対義語・類義語（20）　2×10

1	2	3	4	5	6	7	8	9	10

（七）漢字と送りがな（10）　2×5

1	2	3	4	5

（八）四字熟語（20）　2×10

1	2	3	4	5	6	7	8	9	10

（九）誤字訂正（10）　2×5

	1	2	3	4	5
誤					
正					

（十）書き取り（40）　2×20

1	2	3	4	5	6	7	8	9	10

11	12	13	14	15	16	17	18	19	20

これより下は記入しないこと。

年度　回　日程　級

答案 うら

この用紙はおりまげたり、よごしたりしないでください。答えが書けなくても必ず提出してください。

乱雑な字や、うすくて読みにくい字は誤答となることがありますので、ご注意ください。

〔注意点〕

① 答えはすべてこの用紙に書きなさい。

② あいずがあるまで、はじめてはいけません。（時間は**60分**です。）

③ 問題についての説明はありませんので、問題をよく読んでから答えを書きなさい。

④ 答えは、ＨＢ・Ｂ・２Ｂの鉛筆またはシャープペンシルで書きなさい。（**ボールペンや万年筆等は使用しない**こと）

⑤ 答えは、**楷《かい》書**でわく内いっぱいに**大きくはっきり**書きなさい。
とくに漢字の**書き取り問題**では**はねるところ・とめるところ**など、はっきり書きなさい。
行書体や草書体のようにくずした字や、乱雑な字は**検定の対象**にはなりません。

〈続けて書いてはいけないところ〉
例 糸・ハ・口

△合否その他に関する問い合わせにはいっさい応じられません。

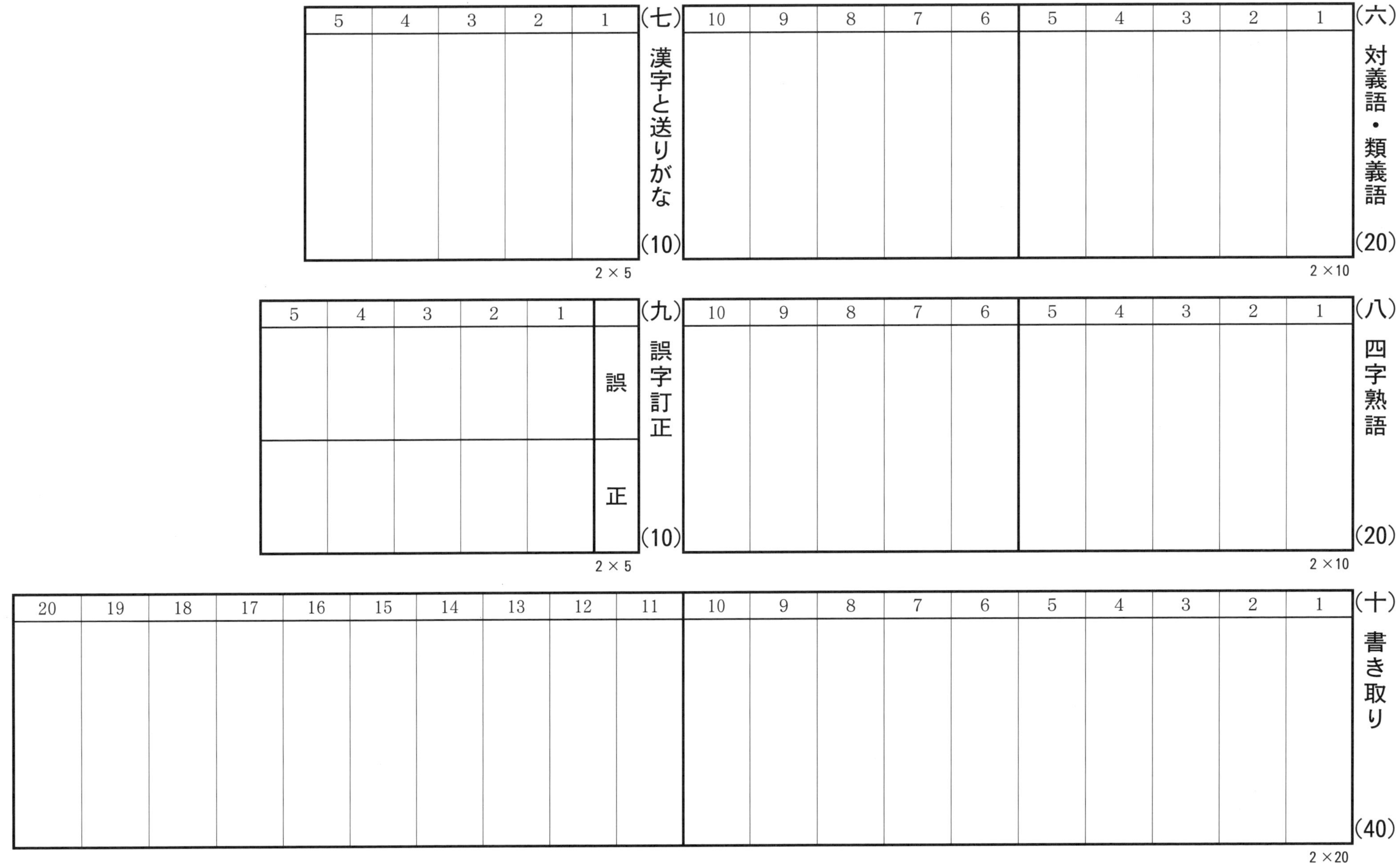

漢検 **3級**

2020年度 日本漢字能力検定 試験問題 2

検定日 2020年10月31日

（公財）日本漢字能力検定協会

氏名

解答には、「常用漢字表」に示された漢字の字体、読みを使用すること。旧字体での解答は認めない。

設問(二)～(五)の答えは別紙（答案用紙）の解答欄（アイウエオ…）に一つだけマークすること。※それ以外の設問はマークシート方式ではありません。

(一)

次の――線の**漢字の読み**を**ひらがな**で記せ。 (30) 1×30

1 既定の方針通りに計画を進める。
2 初孫誕生の吉報が届いた。
3 彼の清廉を疑う者はいなかった。
4 国内外で販路の拡張を促進する。
5 破門だけは勘弁してもらえた。
6 駅の昇降口が混雑していた。
7 詳しい調査を専門家に委嘱する。
8 いつになく殊勝なことを言う。
9 重要書類を紛失して青ざめた。
10 抑揚をつけて漢詩を朗詠する。
11 日本が商業捕鯨を再開した。
12 首脳会談後に共同声明が採択された。
13 霊峰富士を仰ぎ見る。
14 権力者に卑屈な態度をとる。
15 何一つ不自由のない境遇で育った。
16 事態の急変にも動揺する様子がない。
17 陶器のカップでコーヒーを飲む。
18 崩壊の危険があるビルを解体する。
19 不況に備えて万全の措置をとる。
20 郷里の旧家がすっかり零落していた。
21 彼の過激な発言に度肝を抜かれた。
22 店の前は常にきれいに掃かれていた。
23 一日として練習を怠ることがない。
24 遠くの国へ嫁いで行った。
25 親会社から工事を請け負う。
26 任期の途中で役員を辞めた。
27 鶏を放し飼いにしている。
28 辺りはみるみる炎に包まれた。
29 粘りではだれにも引けをとらない。
30 会談の場に緊張感が漂う。

(二)

次の――線の**カタカナ**にあてはまる漢字をそれぞれの**ア～オ**から**一つ**選び、**記号にマーク**せよ。 (30) 2×15

1 勝利を**ショウ**中に収める。
2 期限が迫り**ショウ**燥に駆られる。
3 合格は努力の結**ショウ**だった。
（ア 焦　イ 掌　ウ 匠　エ 晶　オ 称）

4 後**カイ**の念にさいなまれた。
5 **カイ**道沿いに店が立ち並ぶ。
6 大量の金**カイ**が強奪された。
（ア 悔　イ 械　ウ 塊　エ 皆　オ 街）

7 戦争の**キョウ**威にさらされる。
8 犯人が自**キョウ**を始めた。
9 暴漢の**キョウ**弾に倒れる。
（ア 響　イ 況　ウ 供　エ 脅　オ 凶）

10 波**ロウ**警報が出された。
11 寺に古い鐘**ロウ**があった。
12 遺**ロウ**のないよう丹念に確認する。
（ア 廊　イ 漏　ウ 楼　エ 郎　オ 浪）

13 **ヒ**潟で貝を養殖する。
14 難曲を楽々と**ヒ**きこなす。
15 胸に熱い思いを**ヒ**めている。
（ア 干　イ 弾　ウ 引　エ 秘　オ 火）

(三)

1～5の三つの□に**共通する漢字**を入れて熟語を作れ。漢字は**ア～コ**から**一つ**選び、**記号にマーク**せよ。 (10) 2×5

1 □造・□型・□物
2 勇□・□闘・果□
3 □装・□布・□料
4 満□・□楽・恐□
5 受□・快□・□否

ア 舗	イ 敢	ウ 諾	エ 験	オ 鋳
カ 喫	キ 猛	ク 悦	ケ 塗	コ 創

(四)

熟語の構成のしかたには次のようなものがある。 (20) 2×10

ア 同じような意味の漢字を重ねたもの　（**岩石**）
イ 反対または対応の意味を表す字を重ねたもの　（**高低**）
ウ 上の字が下の字を修飾しているもの　（**洋画**）
エ 下の字が上の字の目的語・補語になっているもの　（**着席**）
オ 上の字が下の字の意味を打ち消しているもの　（**非常**）

次の熟語は右の**ア～オ**のどれにあたるか、**一つ**選び、**記号にマーク**せよ。

1 出没
2 未開
3 安穏
4 歌碑
5 珍獣
6 去就
7 譲歩
8 必携
9 投獄
10 奇怪

(五)

次の漢字の**部首**を**ア～エ**から**一つ**選び、**記号にマーク**せよ。 (10) 1×10

1 処（ア 夕　イ 几　ウ 夂　エ ノ）
2 更（ア 曰　イ 一　ウ ノ　エ 人）
3 辱（ア 二　イ 辰　ウ 厂　エ 寸）
4 慨（ア 尢　イ 忄　ウ 日　エ 旡）
5 殴（ア 几　イ 匚　ウ 殳　エ 又）
6 遵（ア 寸　イ 西　ウ 辶　エ 酉）
7 厘（ア 厂　イ 土　ウ ノ　エ 里）
8 簿（ア 氵　イ 寸　ウ 十　エ ⺮）
9 縫（ア 糸　イ 辶　ウ 夂　エ 十）
10 舟（ア 一　イ ノ　ウ 冂　エ 舟）

3級

この面の設問(六)～(十)はマークシート方式ではありません。答えは別紙（答案用紙）に書くこと。

氏名

(六)

後の□内のひらがなを漢字に直して□に入れ、**対義語・類義語**を作れ。□内のひらがなは一度だけ使い、**答案用紙に一字記入**せよ。 (20) 2×10

対義語

1 都心 ― □外
2 侵害 ― 擁□
3 勝利 ― 敗□
4 近接 ― 遠□
5 正統 ― □端

類義語

6 回顧 ― □憶
7 虚構 ― □空
8 高低 ― 起□
9 大要 ― 概□
10 正邪 ― 是□

い・か・かく・ご
こう・つい・ひ・ふく
ぼく・りゃく

(七)

次の――線の**カタカナ**を**漢字一字**と**送りがな（ひらがな）**に直せ。 (10) 2×5

〈例〉問題に**コタエル**。 答える

1 取り込んだ洗たく物が**シメッ**ている。
2 客の注文に**スミヤカニ**対処する。
3 途方もない悪事を**クワダテ**ていた。
4 いやな事はさっさと**スマセ**ばよい。
5 助けを求めて大声で**サケブ**。

(八)

文中の**四字熟語**の――線の**カタカナ**を**漢字**に直せ。**答案用紙に二字記入**せよ。 (20) 2×10

1 **チュウヤ**兼行で被災者の救助に当たる。
2 **タンダイ**心小の指揮官が隊を率いる。
3 彼の**メイロン**卓説に脱帽した。
4 **タンジュン**明快な筋の映画だった。
5 **イキ**衝天の勢いで決勝戦に臨む。
6 絵画史に不朽**フメツ**の作品を残した。
7 家族を養うため無我**ムチュウ**で働いた。
8 公職を離れ晴耕**ウドク**の生活に親しむ。
9 一罰**ヒャッカイ**の処分に皆震え上がる。
10 会社が危急**ソンボウ**のときに直面する。

(九)

次の各文にまちがって使われている**同じ読みの漢字**が**一字**ある。**上に誤字**を、**下に正しい漢字**を記せ。 (10) 2×5

1 収穫しても出荷できない寄格外の野菜を学校給食で有効に利用する。
2 日本の全就業者に占める女性管理職の割合が徐々に増化する傾向にある。
3 英国の財務省が欧州連合からの離脱の日を刻印した記念鋼貨を発行した。
4 路面の透結により正面衝突や横転などの事故が多発し多数の死者が出た。
5 自動車運転免許証を自主返能した人の数が昨年度は過去最多となった。

(十)

次の――線の**カタカナ**を**漢字**に直せ。 (40) 2×20

1 米と着物を物々**コウカン**した。
2 外出前に**コウスイ**をつける。
3 自分の才能に**ゲンソウ**を抱いていた。
4 第三国の軍事**カイニュウ**を退ける。
5 **コウミョウ**な手口にだまされた。
6 室内の**レイボウ**がよく効いている。
7 試験は予定通り**ジッシ**された。
8 社内人事の**サッシン**を断行する。
9 ジャムを容器に入れて**ミップウ**する。
10 避暑地のホテルに**シュクハク**した。
11 故人の三回**キ**の法要を営む。
12 **コンイロ**の海が広がっている。
13 **ユル**やかな坂道が続いている。
14 **カラクチ**の批評が注目を浴びる。
15 **トボ**しい資金でやりくりする。
16 事件の取材に協力を**オ**しまなかった。
17 先祖伝来の掛け軸が人手に**ワタ**った。
18 彼岸には墓参りを**カ**かさなかった。
19 **ナミダ**がとめどなくこぼれ落ちる。
20 **イナカ**の祖父母から便りが届いた。

― おわり ―

▼標準解答は29ページ

3級

漢検

2020年度 日本漢字能力検定 答案用紙 2

検定日 2020年10月31日

答えはすべてこの用紙に記入してください。

答案 おもて

会場番号	会場名	受検番号	氏名	ふりがな		性別	生年月日
0 1 2 3 4 5 6 7 8 9		0 1 2 3 4 5 6 7 8 9	※印字されていない場合は氏名を記入。		訂正 ※氏名に誤りがある場合、右上の訂正「」にマークし、正しい氏名を記入。	男 女	西暦 年 月 日

※印字されていない場合は、□の中に生年月日を記入。

＜記入例＞ 生年月日が2001年（平成13年）1月1日なら 2001年01月01日

訂正 西暦 年 月 日

※生年月日に誤りがある場合、訂正「」にマークし、■の中に正しい生年月日を記入。

マーク記入例 ○のように「」をきれいにぬりつぶしてください。 ○ ■ ×

ご記入いただきました個人情報は、当協会の検定にかかわる業務にのみ使用します。

（ただし、検定にかかわる業務に際し、業務提携会社に作業を委託する場合があります。）

ご記入いただきました個人情報にかかわるお問い合わせは、下記までお願いします。

（公財）日本漢字能力検定協会 https://www.kanken.or.jp/privacy/

注意点がうらにありますので、よく読んでから解答してください。
(一)・(六)～(十)は記述式、(二)～(五)はマークシート方式です。
(二)～(五)の答えは該当する「」に一つだけマークしてください。
この用紙をおりまげたり、よごしたりしないでください。

(一) 読み (30)

1	2	3	4	5	6	7	8	9	10	11	12	13	14	15	16	17	18	19	20	21	22	23	24	25	26	27	28	29	30

1×30

(二) 同音・同訓異字 (30)

1	2	3	4	5	6	7	8	9	10	11	12	13	14	15
アイウエオ	アイウエオ	アイウエオ	アイウエオ	アイウエオ	アイウエオ	アイウエオ	アイウエオ	アイウエオ	アイウエオ	アイウエオ	アイウエオ	アイウエオ	アイウエオ	アイウエオ

2×15

(三) 漢字識別 (10)

1	2	3	4	5
アイウエオ カキクケコ	アイウエオ カキクケコ	アイウエオ カキクケコ	アイウエオ カキクケコ	アイウエオ カキクケコ

2×5

(四) 熟語の構成 (20)

1	2	3	4	5	6	7	8	9	10
アイウエオ	アイウエオ	アイウエオ	アイウエオ	アイウエオ	アイウエオ	アイウエオ	アイウエオ	アイウエオ	アイウエオ

2×10

(五) 部首 (10)

1	2	3	4	5	6	7	8	9	10
アイウエ	アイウエ	アイウエ	アイウエ	アイウエ	アイウエ	アイウエ	アイウエ	アイウエ	アイウエ

1×10

マーク記入方法	「」の上から下までＨＢ・Ｂ・２Ｂの鉛筆またはシャープペンシルできれいにぬりつぶしてください。 間違ってマークしたものは鉛筆の黒いあとが残らないように消しゴムできれいに消してください。
マーク記入注意	次のような解答は機械が正しく読み取らず、無効となりますのでご注意ください。 ボールペンでのマーク・うすいマーク・「」からはみ出ているマーク・「」を２つ以上ぬりつぶしているマーク

マーク記入例　アが正解　〈良い例〉　〈悪い例〉

※〈良い例〉のように「」をきれいにぬりつぶしてください。

※うらへつづく

〔注　意　点〕

① 答えはすべてこの用紙に書きなさい。
② あいずがあるまで、はじめてはいけません。(時間は60分です。)
③ 問題についての説明はありませんので、問題をよく読んでから答えを書きなさい。
④ 答えは、ＨＢ・Ｂ・２Ｂの鉛筆またはシャープペンシルで書きなさい。(**ボールペンや万年筆等は使用しないこと**)
⑤ 答えは、楷《かい》書でわく内いっぱいに**大きくはっきり**書きなさい。
とくに漢字の**書き取り問題**では**はねるところ・とめるところ**など、はっきり書きなさい。
行書体や草書体のようにくずした字や、乱雑な字は**検定の対象**にはなりません。
〈続けて書いてはいけないところ〉
例 糸－糸・灬－灬・口－口

△合否その他に関する問い合わせにはいっさい応じられません。

(六) 対義語・類義語 (20) 2×10

1	2	3	4	5	6	7	8	9	10

(七) 漢字と送りがな (10) 2×5

1	2	3	4	5

(八) 四字熟語 (20) 2×10

1	2	3	4	5	6	7	8	9	10

(九) 誤字訂正 (10) 2×5

	1	2	3	4	5
誤					
正					

(十) 書き取り (40) 2×20

1	2	3	4	5	6	7	8	9	10

11	12	13	14	15	16	17	18	19	20

これより下は記入しないこと。

年度

回　日程　級

答案　うら

この用紙はおりまげたり、よごしたりしないでください。答えが書けなくても必ず提出してください。

乱雑な字や、うすくて読みにくい字は誤答となることがありますので、ご注意ください。

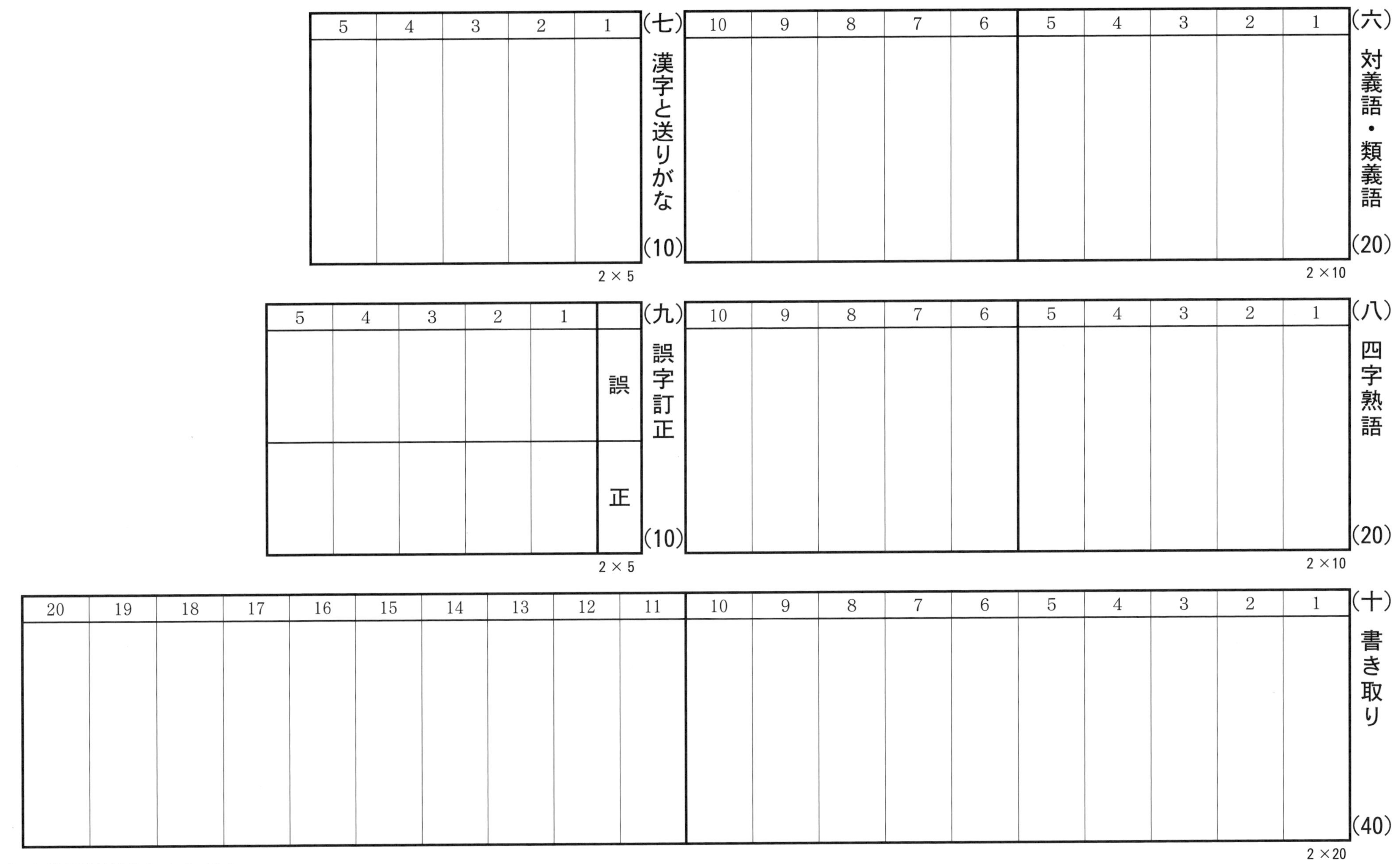

漢検 3級

2021年度 日本漢字能力検定 試験問題 3

検定日 2021年6月11日

解答には、「常用漢字表」に示された漢字の字体、読みを使用すること。旧字体での解答は認めない。

(公財)日本漢字能力検定協会

氏名

設問(二)～(五)の答えは別紙(答案用紙)の解答欄(ア・イ・ウ…)に一つだけマークすること。※それ以外の設問はマークシート方式ではありません。

問題【1まいめ】

(一) 次の――線の漢字の読みをひらがなで記せ。 (30) 1×30

1 アユの稚魚八千匹が放流される。
2 詩集から詩句を抜粋する。
3 突如近くで爆発音がした。
4 先輩の穏和な人柄にひかれる。
5 青年将校がクーデターを策謀した。
6 思いがけず旧悪が暴露された。
7 膨大な量の金塊を秘匿している。
8 元大統領の回顧録が刊行された。
9 図書館で貴重書を閲覧する。
10 舞台装置の派手な意匠が目を引く。
11 アトリエにこもって制作に没頭した。
12 零細な町工場を営んでいる。
13 何としても芸の神髄を究めたかった。
14 戦時中の体験談を傾聴する。
15 沖合をヨットが帆走している。
16 空虚な公約を掲げている。
17 決起集会で大いに気炎をあげた。
18 折衝を重ねて合意に達した。
19 新鮮な果物が芳香を放つ。
20 筆舌に尽くしがたい辛苦をなめた。
21 受賞を知り天にも昇る心地だった。
22 手に土産を提げてやってきた。
23 巧みを凝らした彫刻に感嘆する。
24 公共施設の建築工事を請け負う。
25 バナナを一房買い求める。
26 ともすると気分が湿りがちになった。
27 結論は次回に譲ることにする。
28 戸締まりを確かめて出かける。
29 島と島を結ぶ橋を架ける。
30 登山隊が雪崩に巻き込まれた。

(二) 次の――線のカタカナにあてはまる漢字をそれぞれのア～オから一つ選び、記号にマークせよ。 (30) 2×15

1 ロウ費を慎む。
2 ロウ下を静かに歩く。
3 ロウ水箇所を修繕する。
(ア 労　イ 廊　ウ 郎　エ 浪　オ 漏)

4 経験者はユウ遇された。
5 塔の中にユウ閉されていた。
6 ユウ惑に負けそうになった。
(ア 誘　イ 優　ウ 憂　エ 幽　オ 雄)

7 周到にフク線を張る。
8 フク面で顔を隠す。
9 薬のフク作用が現れる。
(ア 伏　イ 福　ウ 副　エ 服　オ 覆)

10 熟レン工の腕を信頼する。
11 レン価で販売する。
12 レン金術は科学の発展に寄与した。
(ア 恋　イ 錬　ウ 練　エ 連　オ 廉)

13 暇にアかして読書する。
14 国をアげて祝う。
15 課長のポストがアく。
(ア 揚　イ 空　ウ 当　エ 挙　オ 飽)

(三) 1～5の三つの□に共通する漢字を入れて熟語を作れ。漢字はア～コから一つ選び、記号にマークせよ。 (10) 2×5

1 □列・□腐・□述
2 □走・随□・同□
3 □託・□望・委□
4 □除・□減・添□
5 □発・□然・□像

ア 届　イ 削　ウ 葬　エ 伴　オ 免
カ 疾　キ 陳　ク 偶　ケ 嘱　コ 啓

(四) 熟語の構成のしかたには次のようなものがある。 (20) 2×10

ア 同じような意味の漢字を重ねたもの (岩石)
イ 反対または対応の意味を表す字を重ねたもの (高低)
ウ 上の字が下の字を修飾しているもの (洋画)
エ 下の字が上の字の目的語・補語になっているもの (着席)
オ 上の字が下の字の意味を打ち消しているもの (非常)

次の熟語は右のア～オのどれにあたるか、一つ選び、記号にマークせよ。

1 養鶏
2 邦画
3 選択
4 不審
5 明滅
6 暫定
7 超越
8 彼我
9 喫茶
10 後悔

(五) 次の漢字の部首をア～エから一つ選び、記号にマークせよ。 (10) 1×10

1 卸 (ア ノ　イ 二　ウ 卩　エ 止)
2 慕 (ア 大　イ ⺗　ウ 艹　エ 日)
3 遭 (ア 一　イ 口　ウ 日　エ 辶)
4 概 (ア 木　イ ノ　ウ 尢　エ 旡)
5 華 (ア 二　イ 十　ウ 艹　エ 干)
6 膨 (ア 月　イ 士　ウ 豆　エ 彡)
7 衰 (ア 亠　イ 衣　ウ 口　エ 一)
8 鹿 (ア 厂　イ 广　ウ 比　エ 鹿)
9 術 (ア 彳　イ 丨　ウ 行　エ 十)
10 凝 (ア 匕　イ 矢　ウ 疋　エ 冫)

3級

この面の設問(六)～(十)はマークシート方式ではありません。答えは別紙（答案用紙）に書くこと。

氏名

(六)
後の□内のひらがなを漢字に直して□に入れ、**対義語・類義語**を作れ。□内のひらがなは一度だけ使い、**答案用紙に一字記入**せよ。 (20) 2×10

対義語

1 率先 ― □随
2 湿潤 ― 乾□
3 地獄 ― 極□
4 緩慢 ― □速
5 安定 ― 動□

類義語

6 断行 ― □行
7 妨害 ― □魔
8 該当 ― □合
9 出納 ― □支
10 携帯 ― 所□

かん・じ・じゃ・しゅう
そう・つい・てき・びん
よう・らく

(七)
次の――線の**カタカナ**を**漢字一字**と**送りがな(ひらがな)**に直せ。 (10) 2×5

〈例〉 問題に**コタエル**。 答える

1 師の恩に**ムクイル**。
2 **ニクラシイ**ほど落ち着いている。
3 大自然のふところに**イダカ**れて育つ。
4 暗がりに身を**ヒソメル**。
5 始業を**ツゲル**チャイムが鳴った。

(八)
文中の**四字熟語**の――線の**カタカナ**を**漢字**に直せ。**答案用紙に二字記入**せよ。 (20) 2×10

1 幾多の民族が**エイコ盛衰**を繰り返した。
2 **ゼンジン未到**の偉業を成し遂げた。
3 皆が**イク同音**に彼の俳句を賞賛した。
4 舞台で**ヘンゲン自在**の演技を見せる。
5 精進を重ね**メイジツ一体**の主将となる。
6 集めた書画を**二束サンモン**で売る。
7 人のライフスタイルは**千差バンベツ**だ。
8 **油断タイテキ**と自らに言い聞かせる。
9 **天下ムソウ**の剣豪として知られる。
10 当選を知って**破顔イッショウ**した。

(九)
次の各文にまちがって使われている**同じ読みの漢字**が**一字**ある。**上に誤字**を、**下に正しい漢字**を記せ。 (10) 2×5

1 国勢調査の結果は行政の基祖資料として福祉や防災などに活用される。
2 植物輸来のたんぱく質で作る代替肉は今後世界的に普及が見込まれる。
3 駅員がいない駅の自動改札機などを遠較管理・制御するシステムがある。
4 観光名所の砂浜の浸食が急速に進行し関係者は一様に気機感を募らせる。
5 台風に伴う豪雨で山崩れが起き貫線道路が全面的な通行禁止になった。

(十)
次の――線の**カタカナ**を**漢字**に直せ。 (40) 2×20

1 **セイオウ**の近代美術を愛好する。
2 吉と出るか**キョウ**と出るか占う。
3 病後は養生が何より**カンヨウ**だ。
4 工事の強行を**ソシ**しようとした。
5 子供が**ネンド**をこねて遊んでいる。
6 **シンシュク**する生地を使用している。
7 会議を**エンカツ**に進める。
8 年とともに**ヒンカク**が備わってきた。
9 恐ろしい**ギョウソウ**でにらみつける。
10 **タッキュウ**を趣味にしている。
11 車両の点検が**カンリョウ**した。
12 新たな計画が**フジョウ**してきた。
13 **ハナムコ**の父親が謝辞を述べた。
14 魚の**コ**げるにおいがする。
15 家の床と柱が**ク**ちている。
16 このまま捨てるのは**オ**しい気がする。
17 村外れの**ヌマ**に渡り鳥が群れている。
18 玉のような赤ん坊を**サズ**かった。
19 **ナマ**け者の汚名を返上する。
20 **アズキ**ともち米で赤飯を炊く。

―おわり―

▼標準解答は31ページ

3級

漢検

2021年度

日本漢字能力検定 答案用紙 3

検定日 2021年6月11日

答えはすべてこの用紙に記入してください。

答案 おもて

注意点がうらにありますので、よく読んでから解答してください。

(一)・(六)～(十)は記述式、(二)～(五)はマークシート方式です。

(二)～(五)の答えは該当する□に一つだけマークしてください。

この用紙をおりまげたり、よごしたりしないでください。

会場番号	会場名	受検番号	氏名	ふりがな	訂正	性別	生年月日
0 1 2 3 4 5 6 7 8 9		0 1 2 3 4 5 6 7 8 9	※印字されていない場合は氏名を記入。		※氏名に誤りがある場合、右上の訂正□にマークし、正しい氏名を記入。	男□ 女□	西暦 □年 □月 □日

※印字されていない場合は、□の中に生年月日を記入。

＜記入例＞ 生年月日が2001年（平成13年）1月1日なら 2001年01月01日

訂正□ 西暦 年 月 日

※生年月日に誤りがある場合、訂正□にマークし、■の中に正しい生年月日を記入。

マーク記入例

○のように□をきれいにぬりつぶしてください。 ○ ▮ ×

ご記入いただきました個人情報は、当協会の検定にかかわる業務にのみ使用します。

（ただし、検定にかかわる業務に際し、業務提携会社に作業を委託する場合があります。）

ご記入いただきました個人情報にかかわるお問い合わせは、下記までお願いします。

（公財）日本漢字能力検定協会 https://www.kanken.or.jp/privacy/

(一) 読み (30)

1	2	3	4	5	6	7	8	9	10	11	12	13	14	15	16	17	18	19	20	21	22	23	24	25	26	27	28	29	30

1×30

(二) 同音・同訓異字 (30)

1	2	3	4	5	6	7	8	9	10	11	12	13	14	15
ア イ ウ エ オ	ア イ ウ エ オ	ア イ ウ エ オ	ア イ ウ エ オ	ア イ ウ エ オ	ア イ ウ エ オ	ア イ ウ エ オ	ア イ ウ エ オ	ア イ ウ エ オ	ア イ ウ エ オ	ア イ ウ エ オ	ア イ ウ エ オ	ア イ ウ エ オ	ア イ ウ エ オ	ア イ ウ エ オ

2×15

(三) 漢字識別 (10)

1	2	3	4	5
ア イ ウ エ オ / カ キ ク ケ コ	ア イ ウ エ オ / カ キ ク ケ コ	ア イ ウ エ オ / カ キ ク ケ コ	ア イ ウ エ オ / カ キ ク ケ コ	ア イ ウ エ オ / カ キ ク ケ コ

2×5

(四) 熟語の構成 (20)

1	2	3	4	5	6	7	8	9	10
ア イ ウ エ オ	ア イ ウ エ オ	ア イ ウ エ オ	ア イ ウ エ オ	ア イ ウ エ オ	ア イ ウ エ オ	ア イ ウ エ オ	ア イ ウ エ オ	ア イ ウ エ オ	ア イ ウ エ オ

2×10

(五) 部首 (10)

1	2	3	4	5	6	7	8	9	10
ア イ ウ エ	ア イ ウ エ	ア イ ウ エ	ア イ ウ エ	ア イ ウ エ	ア イ ウ エ	ア イ ウ エ	ア イ ウ エ	ア イ ウ エ	ア イ ウ エ

1×10

マーク記入方法	□の上から下までＨＢ・Ｂ・２Ｂの鉛筆またはシャープペンシルできれいにぬりつぶしてください。 間違ってマークしたものは鉛筆の黒いあとが残らないように消しゴムできれいに消してください。
マーク記入注意	次のような解答は機械が正しく読み取らず、無効となりますのでご注意ください。 ボールペンでのマーク・うすいマーク・□からはみ出ているマーク・□を２つ以上ぬりつぶしているマーク

マーク記入例　アが正解　〈良い例〉　〈悪い例〉　※〈良い例〉のように□をきれいにぬりつぶしてください。

※うらへつづく

〔注　意　点〕

① 答えはすべてこの用紙に書きなさい。

② あいずがあるまで、はじめてはいけません。(時間は**60分**です。)

③ 問題についての説明はありませんので、問題をよく読んでから答えを書きなさい。

④ 答えは、ＨＢ・Ｂ・２Ｂの鉛筆またはシャープペンシルで書きなさい。(**ボールペンや万年筆等は使用しない**こと)

⑤ 答えは、楷《かい》書でわく内いっぱいに**大きくはっきり**書きなさい。

とくに漢字の**書き取り問題**では**はねるところ・とめるところ**など、はっきり書きなさい。

行書体や草書体のようにくずした字や、乱雑な字は**検定の対象**にはなりません。

〈続けて書いてはいけないところ〉

例 糸－糸・灬－灬・口－口

△合否その他に関する問い合わせにはいっさい応じられません。

(六) 対義語・類義語 (20)

1	2	3	4	5	6	7	8	9	10

2×10

(七) 漢字と送りがな (10)

1	2	3	4	5

2×5

(八) 四字熟語 (20)

1	2	3	4	5	6	7	8	9	10

2×10

(九) 誤字訂正 (10)

	1	2	3	4	5
誤					
正					

2×5

(十) 書き取り (40)

1	2	3	4	5	6	7	8	9	10	11	12	13	14	15	16	17	18	19	20

2×20

これより下は記入しないこと。

年度　回　日程　級

答案 うら

この用紙はおりまげたり、よごしたりしないでください。答えが書けなくても必ず提出してください。

乱雑な字や、うすくて読みにくい字は誤答となることがありますので、ご注意ください。

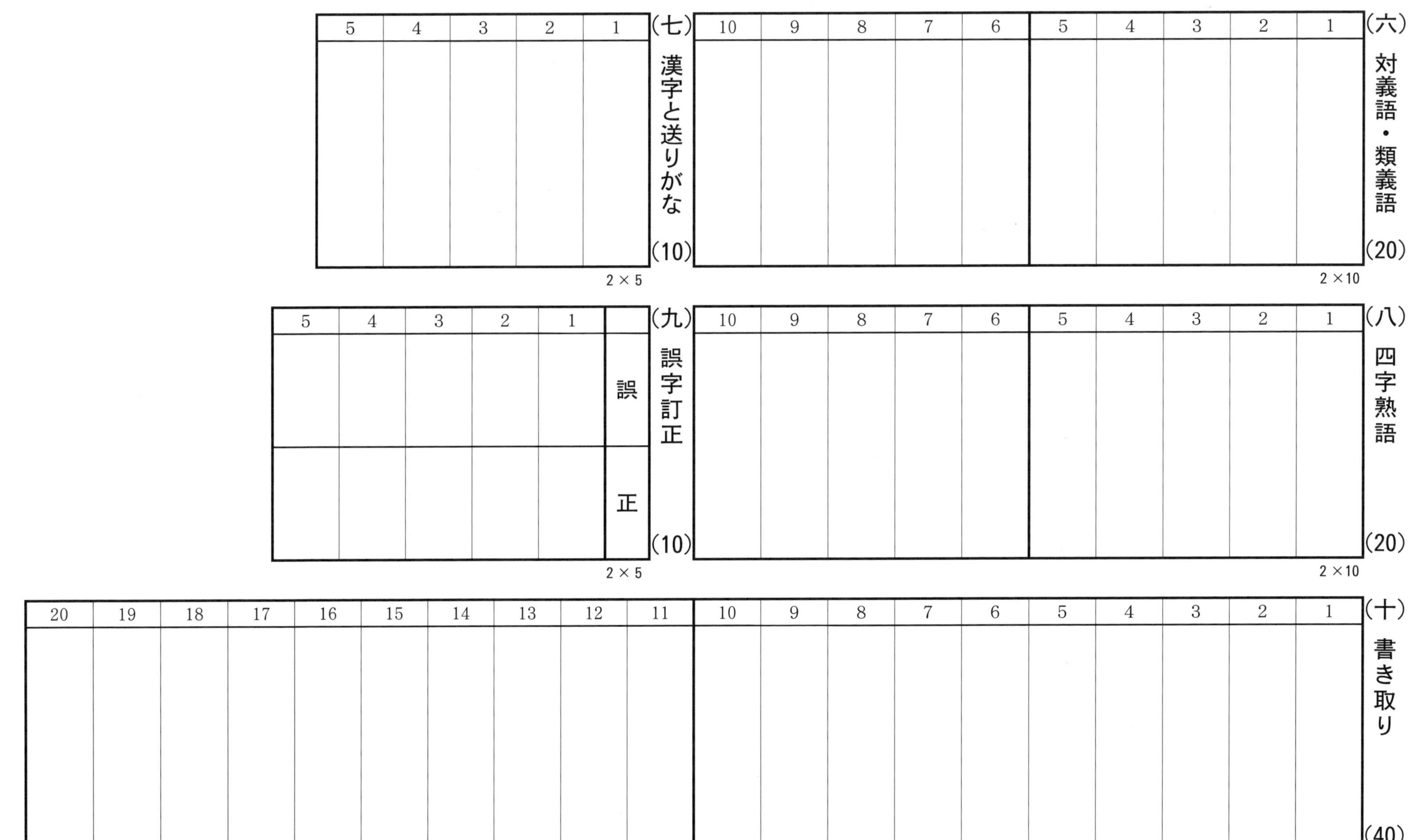

漢検 3級

2021年度 日本漢字能力検定 試験問題 4

検定日 2021年6月26日

(公財)日本漢字能力検定協会〔不許複製〕

氏名

解答には、「常用漢字表」に示された漢字の字体、読みを使用すること。旧字体での解答は認めない。

設問(二)~(五)の答えは別紙(答案用紙)の解答欄(アイウエオ…)に一つだけマークすること。※それ以外の設問はマークシート方式ではありません。

(一) 次の――線の**漢字の読み**を**ひらがな**で記せ。 (30) 1×30

1 社会福祉の仕事に携わっている。
2 長編映画を撮影する。
3 水が凝固して氷になる。
4 博覧会の開催に向けて準備を進める。
5 師匠が直々に彫金の手ほどきをする。
6 弧を描いて打球が飛んでいった。
7 表現の自由を束縛される。
8 極秘の作戦を遅滞なく完遂した。
9 大胆にも一人で敵陣に乗り込んだ。
10 会社と雇用契約を交わす。
11 両国間で紛争が絶えない。
12 先輩に敬慕の情を抱く。
13 やけどした箇所に薬を塗布する。
14 華麗な舞に目を奪われた。
15 生徒の作文を添削する。
16 眼下の絶景に詠嘆の声が漏れる。
17 万が一にも粗相のないようにする。
18 破廉恥な行動に怒りを覚える。
19 大規模な養鶏場を営んでいる。
20 大学で北欧の神話を研究する。
21 近ごろすっかり体力が衰えた。
22 どこかで聴いたことのある曲だった。
23 愚かな内輪もめがいつまでも続く。
24 亡母の幻を見たような気がした。
25 病状がようやく快方に赴いた。
26 転んでひざを擦りむいた。
27 牧場で牛の乳を搾る。
28 朗らかな笑い声が聞こえてくる。
29 信頼していた友に欺かれた。
30 浮ついた考え方をたしなめられた。

(二) 次の――線の**カタカナ**にあてはまる漢字をそれぞれの**ア~オ**から**一つ**選び、**記号にマーク**せよ。 (30) 2×15

1 **レイ**前に花を手向ける。
2 選手たちを激**レイ**する。
3 **レイ**細な資本で創業した。
(ア 零 イ 例 ウ 令 エ 励 オ 霊)

4 **キ**成事実として認めざるを得ない。
5 **キ**上の空論に過ぎない。
6 人工衛星を**キ**道に乗せる。
(ア 軌 イ 机 ウ 既 エ 揮 オ 棄)

7 梅が**ホウ**香を放つ。
8 傷口を**ホウ**合する。
9 キノコ類は**ホウ**子で殖える。
(ア 峰 イ 芳 ウ 縫 エ 報 オ 胞)

10 病後は養生が**カン**要である。
11 自分の運命を**カン**受する。
12 とんでもない**カン**違いをした。
(ア 換 イ 甘 ウ 勘 エ 肝 オ 冠)

13 過去のあやまちを**ク**いる。
14 先輩に**ク**ってかかる。
15 会議を次週に**ク**り延べる。
(ア 食 イ 朽 ウ 暮 エ 繰 オ 悔)

(三) 1~5の三つの□に**共通する漢字**を入れて熟語を作れ。漢字は**ア~コ**から**一つ**選び、**記号にマーク**せよ。 (10) 2×5

1 □意・□訳・□案
2 □代・早□・□床
3 届□・□線・降□
4 □行・野□・□勇
5 □便・安□・□和

ア 故 イ 随 ウ 伏 エ 辱 オ 翻
カ 穏 キ 歴 ク 苗 ケ 蛮 コ 郵

(四) **熟語の構成**のしかたには次のようなものがある。 (20) 2×10

ア 同じような意味の漢字を重ねたもの (**岩石**)
イ 反対または対応の意味を表す字を重ねたもの (**高低**)
ウ 上の字が下の字を修飾しているもの (**洋画**)
エ 下の字が上の字の目的語・補語になっているもの (**着席**)
オ 上の字が下の字の意味を打ち消しているもの (**非常**)

次の熟語は右の**ア~オ**のどれにあたるか、**一つ**選び、**記号にマーク**せよ。

1 存亡
2 隔世
3 倹約
4 除籍
5 吉兆
6 車軸
7 無謀
8 厳戒
9 摂取
10 乾湿

(五) 次の漢字の**部首**を**ア~エ**から**一つ**選び、**記号にマーク**せよ。 (10) 1×10

1 慰 (ア 示 イ 尸 ウ 寸 エ 心)
2 獄 (ア 大 イ 言 ウ 犭 エ 人)
3 窒 (ア 宀 イ 穴 ウ 土 エ 至)
4 孔 (ア 子 イ 一 ウ し エ 亅)
5 題 (ア 頁 イ 目 ウ 日 エ 疋)
6 衛 (ア 韋 イ 口 ウ 行 エ 彳)
7 邪 (ア 二 イ 阝 ウ ノ エ 丨)
8 墾 (ア 艮 イ 罒 ウ 豸 エ 土)
9 虐 (ア 匚 イ 厂 ウ 虍 エ ト)
10 蒸 (ア 灬 イ 水 ウ 一 エ 艹)

3級

この面の設問(六)～(十)はマークシート方式ではありません。
答えは別紙（答案用紙）に書くこと。

(六) 後の□内のひらがなを漢字に直して□に入れ、**対義語**・**類義語**を作れ。□内のひらがなは一度だけ使い、**答案用紙に一字記入**せよ。 (20) 2×10

対義語

1 歓喜—□哀
2 強制—□意
3 連帯—□立
4 辛勝—□敗
5 実像—□像

類義語

6 利口—□明
7 没頭—専□
8 措置—□置
9 重体—□篤
10 了承—許□

き・きょ・けん・こ
しょ・せき・だく・にん
ねん・ひ

(七) 次の——線の**カタカナ**を**漢字一字と送りがな(ひらがな)**に直せ。 (10) 2×5

〈例〉問題に**コタエル**。 答える

1 部長に全幅の信頼を**ヨセル**。
2 妻を**トモナッ**て祝宴に出席する。
3 二回転して**アザヤカナ**着地を決めた。
4 積み荷が今にも**クズレ**そうだ。
5 出費のむだを**ハブク**。

(八) 文中の**四字熟語**の——線の**カタカナ**を**漢字**に直せ。**答案用紙に二字記入**せよ。 (20) 2×10

1 **ココン**東西の美術品が収蔵されている。
2 会長の**ドクダン**専行が目に余る。
3 **キエン**万丈で決戦の場に向かう。
4 長い**チンシ**黙考の後に口を開いた。
5 上司に**コウシ**混同をとがめられた。
6 政治姿勢が首尾**イッカン**している。
7 我田**インスイ**の勝手な理屈を並べる。
8 事件を針小**ボウダイ**に触れ回る。
9 ひそかに一石**ニチョウ**をねらっていた。
10 奇想**テンガイ**な物語に時を忘れる。

(九) 次の各文にまちがって使われている**同じ読みの漢字**が**一字**ある。**上に誤字**を、**下に正しい漢字**を記せ。 (10) 2×5

1 北関東の畜産農家で豚や牛の逃難が相次ぎ被害総額は三千万円を超えた。
2 ナイジェリアの全土でデモ隊と治安部隊が障突し、多数の死傷者が出た。
3 台風で被災した互楽施設では復旧作業が進まず再開のめどが立たない。
4 国際的に活躍する日本画家が世界偉産の寺にふすま絵を奉納した。
5 災害時における自衛隊の現地波遣について自治体の首長が意見交換した。

(十) 次の——線の**カタカナ**を**漢字**に直せ。 (40) 2×20

1 **ヨコク**なしにテストが実施された。
2 **ボン**と正月は実家で家族と過ごす。
3 **チュウショウ**的な話に終始した。
4 渡航前にパスポートを**シンセイ**する。
5 **ヘイボン**で単調な生活が続く。
6 金の価格が急激に**ジョウショウ**する。
7 バッハの作品に**シンスイ**している。
8 反対勢力の活動を**フウ**じ込める。
9 **メンボク**が丸つぶれになった。
10 近所で**フシン**火が相次いだ。
11 **リュウセイ**を極めた王朝が滅亡した。
12 望遠鏡の**ショウテン**を合わせる。
13 **タキ**に打たれて修行する。
14 目が回るほど**イソガ**しい。
15 大掛かりな密輸を**クワダ**てていた。
16 ようやく孫が**カタコト**を話し始めた。
17 展示品を慎重に**アツカ**う。
18 **ウル**んだ目をハンカチで押さえる。
19 犯人を心の底から**ニク**んでいた。
20 意地を**ハ**ってわびようとしない。

——おわり——

▼標準解答は33ページ

氏名

3級

漢検

2021年度 日本漢字能力検定 答案用紙 4

検定日 2021年6月26日

答えはすべてこの用紙に記入してください。

答案 おもて

注意点がうらにありますので、よく読んでから解答してください。
(一)・(六)~(十)は記述式、(二)~(五)はマークシート方式です。
(二)~(五)の答えは該当する「 」に一つだけマークしてください。
この用紙をおりまげたり、よごしたりしないでください。

会場番号

0 1 2 3 4 5 6 7 8 9

会場名

受検番号

0 1 2 3 4 5 6 7 8 9

氏名

※印字されていない場合は氏名を記入。

ふりがな

訂正

※氏名に誤りがある場合、右上の訂正「 」にマークし、正しい氏名を記入。

性別

男

女

生年月日

西暦 年 月 日

※印字されていない場合は、□の中に生年月日を記入。

<記入例>

生年月日が2001年(平成13年)1月1日なら

2001年01月01日

訂正

西暦 年 月 日

※生年月日に誤りがある場合、訂正「 」にマークし、□の中に正しい生年月日を記入。

マーク記入例

○のように「 」をきれいにぬりつぶしてください。

ご記入いただきました個人情報は、当協会の検定にかかわる業務にのみ使用します。

(ただし、検定にかかわる業務に際し、業務提携会社に作業を委託する場合があります。)

ご記入いただきました個人情報にかかわるお問い合わせは、下記までお願いします。

(公財)日本漢字能力検定協会 https://www.kanken.or.jp/privacy/

(一) 読み (30)

1~30

1×30

(二) 同音・同訓異字 (30)

1~15 ア イ ウ エ オ

2×15

(三) 漢字識別 (10)

1~5 ア イ ウ エ オ / カ キ ク ケ コ

2×5

(四) 熟語の構成 (20)

1~10 ア イ ウ エ オ

2×10

(五) 部首 (10)

1~10 ア イ ウ エ

1×10

マーク記入方法	「 」の上から下までHB・B・2Bの鉛筆またはシャープペンシルできれいにぬりつぶしてください。 間違ってマークしたものは鉛筆の黒いあとが残らないように消しゴムできれいに消してください。
マーク記入注意	次のような解答は機械が正しく読み取らず、無効となりますのでご注意ください。 ボールペンでのマーク・うすいマーク・「 」からはみ出ているマーク・「 」を2つ以上ぬりつぶしているマーク

マーク記入例 アが正解 〈良い例〉 〈悪い例〉

※〈良い例〉のように「 」をきれいにぬりつぶしてください。

※うらへつづく

〔注　意　点〕

① 答えはすべてこの用紙に書きなさい。

② あいずがあるまで、はじめてはいけません。(時間は**60分**です。)

③ 問題についての説明はありませんので、問題をよく読んでから答えを書きなさい。

④ 答えは、ＨＢ・Ｂ・２Ｂの鉛筆またはシャープペンシルで書きなさい。(**ボールペンや万年筆等は使用しないこと**)

⑤ 答えは、楷《かい》書でわく内いっぱいに**大きくはっきり**書きなさい。
とくに漢字の**書き取り問題**では**はねるところ・とめるところ**など、はっきり書きなさい。
行書体や草書体のようにくずした字や、乱雑な字は**検定の対象**にはなりません。

〈続けて書いてはいけないところ〉
例 糸－糸・〃－〃・口－口

△合否その他に関する問い合わせにはいっさい応じられません。

(公財) 日本漢字能力検定協会

〔不 許 複 製〕

(六) 対義語・類義語 (20) 2×10

1	2	3	4	5	6	7	8	9	10

(七) 漢字と送りがな (10) 2×5

1	2	3	4	5

(八) 四字熟語 (20) 2×10

1	2	3	4	5	6	7	8	9	10

(九) 誤字訂正 (10) 2×5

	1	2	3	4	5
誤					
正					

(十) 書き取り (40) 2×20

1	2	3	4	5	6	7	8	9	10

11	12	13	14	15	16	17	18	19	20

これより下は記入しないこと。

年度　回　日程　級

答案 うら

この用紙はおりまげたり、よごしたりしないでください。答えが書けなくても必ず提出してください。

乱雑な字や、うすくて読みにくい字は誤答となることがありますので、ご注意ください。

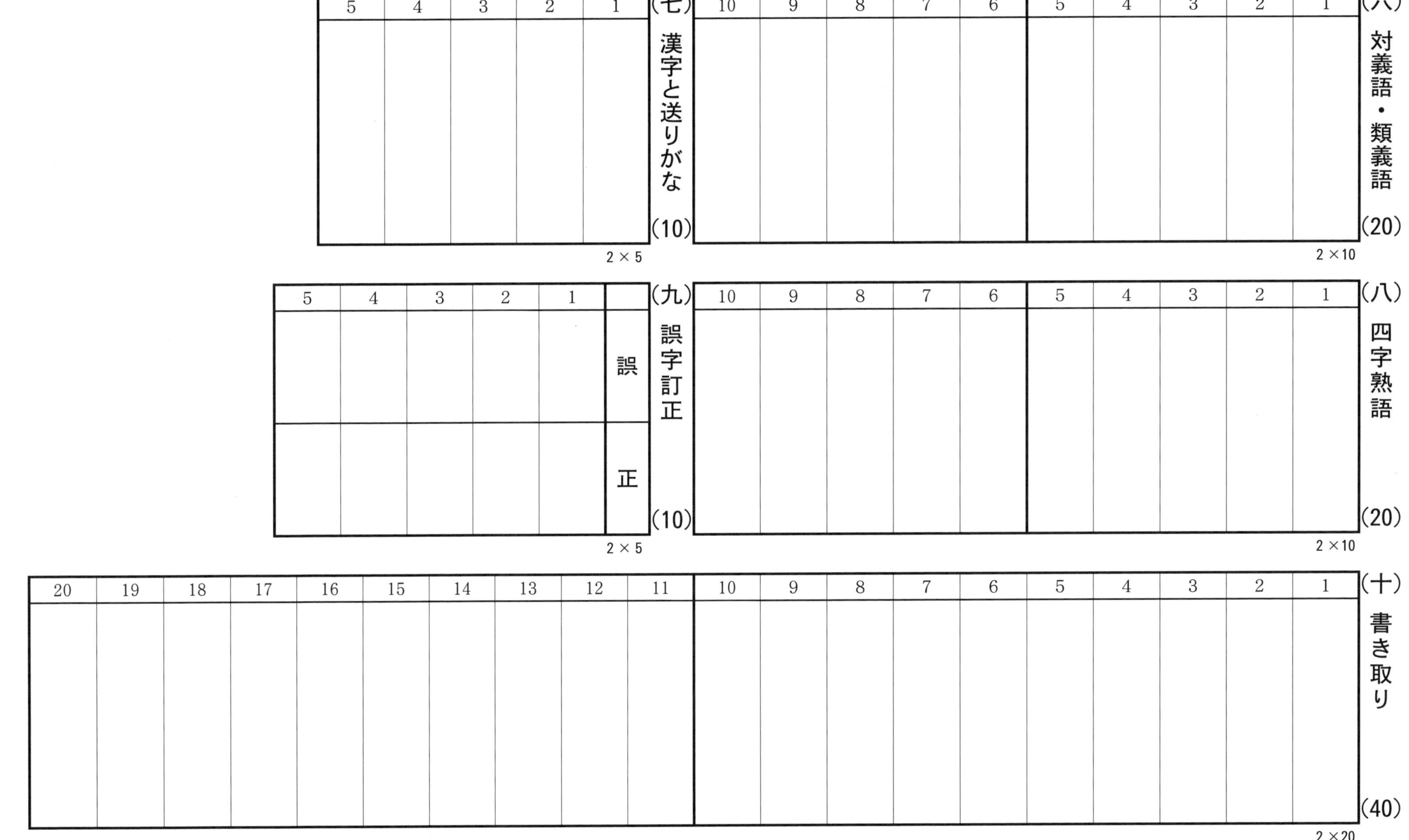

漢検 3級

2021年度 日本漢字能力検定 試験問題 5

検定日 2021年7月2日

解答には、「常用漢字表」に示された漢字の字体、読みを使用すること。旧字体での解答は認めない。

設問(二)～(五)の答えは別紙(答案用紙)の解答欄(アイウエオ…)に一つだけマークすること。※それ以外の設問はマークシート方式ではありません。

氏名

(公財)日本漢字能力検定協会

(一) 次の――線の漢字の読みをひらがなで記せ。 (30) 1×30

1 テーブルクロスを漂白する。
2 会見を開いて事件の概要を述べる。
3 異例の昇進が周囲を驚かせた。
4 会費を滞納した者を除名する。
5 辞意を表明した会長を慰留する。
6 前掲の論文を参照する。
7 日々の暮らしに倹約を心掛ける。
8 おみくじで今年一年の吉凶を占う。
9 高名な小説家が講師として登壇した。
10 勝利をほぼ掌中に収めていた。
11 一億円相当の金塊が強奪された。
12 人前ではずかしめられ遺恨を抱く。
13 殊勝な決意をほめたたえる。
14 恩赦に浴して減刑される。
15 濃紺の制服がよく似合っている。
16 準備万端整えて開会を待つ。
17 篤実な人柄が人望を集める。
18 部屋の清掃が行き届いている。
19 いつしか錯誤におちいっていた。
20 手先が器用な祖母から裁縫を教わる。
21 墨絵の奥深い味わいが心をとらえる。
22 友人から借金の返済を促された。
23 池の水が凍るほど寒い日が続く。
24 子供の健やかな成長を祈る。
25 両人の実力にかなりの隔たりがある。
26 将来への希望に胸を膨らませる。
27 心の底からあやまちを悔いる。
28 旗揚げ公演の日が迫る。
29 目を覆うような惨事に遭遇した。
30 反乱の企てが発覚した。

(二) 次の――線のカタカナにあてはまる漢字をそれぞれのア～オから一つ選び、記号にマークせよ。 (30) 2×15

1 心の動**ヨウ**を隠せない。
2 民族舞**ヨウ**に関心を抱く。
3 人権の**ヨウ**護を優先する。
（ア 謡　イ 擁　ウ 揚　エ 踊　オ 揺）

4 相手の意見を**ケイ**聴する。
5 飛躍の**ケイ**機となった。
6 養**ケイ**業を営む。
（ア 傾　イ 携　ウ 契　エ 鶏　オ 系）

7 皇**テイ**の位につく。
8 教科書を改**テイ**する。
9 条約を**テイ**結する。
（ア 締　イ 訂　ウ 抵　エ 体　オ 帝）

10 緊急に**ソ**置を講じる。
11 敵の侵入を**ソ**止する。
12 裁判所に提**ソ**する。
（ア 礎　イ 阻　ウ 措　エ 祖　オ 訴）

13 よこしまな思いが胸に**ス**くう。
14 暗やみでマッチを**ス**る。
15 あの男は虫が**ス**かない。
（ア 巣　イ 済　ウ 好　エ 擦　オ 刷）

(三) 1～5の三つの□に共通する漢字を入れて熟語を作れ。漢字はア～コから一つ選び、記号にマークせよ。 (10) 2×5

1 □待・暴□・残□
2 分□・□歩・□与
3 □情・追□・恋□
4 悲□・□願・□歓
5 選□・採□・□一

ア 譲	イ 挙	ウ 招	エ 虐	オ 陳
カ 哀	キ 嘆	ク 慕	ケ 泌	コ 択

(四) 熟語の構成のしかたには次のようなものがある。 (20) 2×10

ア 同じような意味の漢字を重ねたもの（**岩石**）
イ 反対または対応の意味を表す字を重ねたもの（**高低**）
ウ 上の字が下の字を修飾しているもの（**洋画**）
エ 下の字が上の字の目的語・補語になっているもの（**着席**）
オ 上の字が下の字の意味を打ち消しているもの（**非常**）

次の熟語は右のア～オのどれにあたるか、一つ選び、記号にマークせよ。

1 添削
2 未到
3 墜落
4 愚問
5 禁猟
6 投獄
7 波浪
8 深紅
9 栄辱
10 脅威

(五) 次の漢字の部首をア～エから一つ選び、記号にマークせよ。 (10) 1×10

1 章（ア 立　イ 曰　ウ 亠　エ 十）
2 衡（ア 里　イ 二　ウ 彳　エ 行）
3 克（ア 十　イ 儿　ウ 一　エ 口）
4 畜（ア 亠　イ 玄　ウ 田　エ 幺）
5 簿（ア 田　イ 氵　ウ 寸　エ ⺮）
6 貫（ア 目　イ 貝　ウ 毋　エ 八）
7 湾（ア 弓　イ 八　ウ 氵　エ 亠）
8 吏（ア 一　イ ノ　ウ 人　エ 口）
9 超（ア 口　イ 走　ウ 刀　エ 土）
10 郷（ア 阝　イ 幺　ウ 日　エ ｜）

3級

この面の設問(六)〜(十)はマークシート方式ではありません。答えは別紙（答案用紙）に書くこと。

氏名

(六) 後の□内のひらがなを漢字に直して□に入れ、**対義語・類義語**を作れ。□内のひらがなは一度だけ使い、**答案用紙に一字記入**せよ。 (20) 2×10

対義語

1 却下―受□
2 釈放―□捕
3 違反―遵□
4 沈下―□起
5 軽率―慎□

類義語

6 休息―休□
7 没頭―□念
8 肝要―大□
9 容赦―□弁
10 名残―□情

かん・けい・しゅ・せつ・せん・たい・ちょう・よ・り・りゅう

(七) 次の――線の**カタカナ**を**漢字一字**と**送りがな(ひらがな)**に直せ。 (10) 2×5

〈例〉問題に**コタエル**。　答える

1 **ヤスラカナ**眠りについた。
2 **アキル**ことなく漫画を読んでいる。
3 長雨が野菜の価格に影響を**オヨボス**。
4 悟りを求めて修行に**ハゲン**だ。
5 不当な要求を**シリゾケル**。

(八) 文中の**四字熟語**の――線の**カタカナ**を**漢字**に直せ。**答案用紙に二字記入**せよ。 (20) 2×10

1 **ギョクセキ混交**の作品を選別する。
2 年長者に**カンコン葬祭**の作法を教わる。
3 主張の**ホンマツ転倒**を指摘する。
4 **ジュンプウ満帆**の人生を送ってきた。
5 **タイキ晩成**の横綱が角界を支える。
6 **妙計キサク**で敵を混乱におとしいれる。
7 **九分クリン**勝利は間違いない。
8 緊急事態に**臨機オウヘン**に対処した。
9 **利害トクシツ**は念頭になかった。
10 再会を**一日センシュウ**の思いで待つ。

(九) 次の各文にまちがって使われている**同じ読みの漢字**が**一字**ある。**上に誤字**を、**下に正しい漢字**を記せ。 (10) 2×5

1 国と自地体、事業者、消費者を対象に食品ロス削減推進法が施行される。
2 濫獲で水産支源が尽きるのを防ぐため、漁獲規制する魚種を拡大する。
3 タイで国会議事堂前の占拠や王族の車列防害など、抗議活動が激化した。
4 水道工事で業者が広告に期載した額より高額を請求する事例が相次いだ。
5 人工知能を使って糖尿病などになる可能性を与測する手法が開発された。

(十) 次の――線の**カタカナ**を**漢字**に直せ。 (40) 2×20

1 運転**メンキョ**の更新をする。
2 **ソアク**な作りですぐに壊れる。
3 驚きのあまり**ゼック**した。
4 **コウスイ**のにおいが室内に漂う。
5 そんなに自分を**ヒゲ**する必要はない。
6 **ソウホウ**の言い分を聞く。
7 **チュウシャ**違反を取り締まる。
8 病院に行かず**シハン**の薬を服用した。
9 都心から**コウガイ**に転居する。
10 何度も**カカン**な攻撃を試みた。
11 **センプク**期を経て病状が現れた。
12 敵地からの**ダッシュツ**を図る。
13 優勝が決まって主将を**ドウ**上げした。
14 巨大な岩に仏像が**ホ**られている。
15 舟が湖面を**スベ**るように進む。
16 劇団の**フルカブ**として一目置かれる。
17 相手の足を**ハラ**って土俵にはわせた。
18 街は**イチジル**しい発展を遂げた。
19 **クワ**の葉を蚕の飼料にする。
20 塩分を**ヒカ**えて味付けをする。

――おわり――

▼標準解答は35ページ

3級

漢検

2021年度 日本漢字能力検定 答案用紙 5

検定日 2021年7月2日

答えはすべてこの用紙に記入してください。

答案 おもて

会場番号	会場名	受検番号	氏名	ふりがな	訂正	性別	生年月日
		※印字されていない場合は氏名を記入。			※氏名に誤りがある場合、右上の訂正にマークし、正しい氏名を記入。	男 女	西暦 年 月 日

※印字されていない場合は、□の中に生年月日を記入。

＜記入例＞ 生年月日が2001年(平成13年)1月1日なら 2001年01月01日

訂正 西暦 年 月 日

※生年月日に誤りがある場合、訂正にマークし、□の中に正しい生年月日を記入。

マーク記入例 ○のようにをきれいにぬりつぶしてください。

ご記入いただきました個人情報は、当協会の検定にかかわる業務にのみ使用します。

（ただし、検定にかかわる業務に際し、業務提携会社に作業を委託する場合があります。）

ご記入いただきました個人情報にかかわるお問い合わせは、下記までお願いします。

（公財）日本漢字能力検定協会 https://www.kanken.or.jp/privacy/

注意点がうらにありますので、よく読んでから解答してください。
(一)・(六)～(十)は記述式、(二)～(五)はマークシート方式です。
(二)～(五)の答えは該当する□に一つだけマークしてください。
この用紙をおりまげたり、よごしたりしないでください。

(一) 読み (30) 1×30

1	2	3	4	5	6	7	8	9	10	11	12	13	14	15	16	17	18	19	20	21	22	23	24	25	26	27	28	29	30

(二) 同音・同訓異字 (30) 2×15

1	2	3	4	5	6	7	8	9	10	11	12	13	14	15
アイウエオ	アイウエオ	アイウエオ	アイウエオ	アイウエオ	アイウエオ	アイウエオ	アイウエオ	アイウエオ	アイウエオ	アイウエオ	アイウエオ	アイウエオ	アイウエオ	アイウエオ

(三) 漢字識別 (10) 2×5

1	2	3	4	5
アイウエオ カキクケコ	アイウエオ カキクケコ	アイウエオ カキクケコ	アイウエオ カキクケコ	アイウエオ カキクケコ

(四) 熟語の構成 (20) 2×10

1	2	3	4	5	6	7	8	9	10
アイウエオ	アイウエオ	アイウエオ	アイウエオ	アイウエオ	アイウエオ	アイウエオ	アイウエオ	アイウエオ	アイウエオ

(五) 部首 (10) 1×10

1	2	3	4	5	6	7	8	9	10
アイウエ	アイウエ	アイウエ	アイウエ	アイウエ	アイウエ	アイウエ	アイウエ	アイウエ	アイウエ

マーク記入方法	□の上から下までＨＢ・Ｂ・２Ｂの鉛筆またはシャープペンシルできれいにぬりつぶしてください。間違ってマークしたものは鉛筆の黒いあとが残らないように消しゴムできれいに消してください。
マーク記入注意	次のような解答は機械が正しく読み取らず、無効となりますのでご注意ください。ボールペンでのマーク・うすいマーク・□からはみ出ているマーク・□を２つ以上ぬりつぶしているマーク

マーク記入例 アが正解 〈良い例〉 〈悪い例〉 ※〈良い例〉のようにをきれいにぬりつぶしてください。

※うらへつづく

〔注 意 点〕

① 答えはすべてこの用紙に書きなさい。
② あいずがあるまで、はじめてはいけません。(時間は**60分**です。)
③ 問題についての説明はありませんので、問題をよく読んでから答えを書きなさい。
④ 答えは、HB・B・2Bの鉛筆またはシャープペンシルで書きなさい。(**ボールペンや万年筆等は使用しないこと**)
⑤ 答えは、**楷《かい》書**でわく内いっぱいに**大きくはっきり**書きなさい。
とくに漢字の**書き取り問題**では**はねるところ・とめるところ**など、はっきり書きなさい。
行書体や草書体のようにくずした字や、乱雑な字は**検定の対象**にはなりません。
〈続けて書いてはいけないところ〉
例 糸→糸・ 灬→灬・ 口→口

△合否その他に関する問い合わせにはいっさい応じられません。
(公財) 日本漢字能力検定協会
〔不 許 複 製〕

(六) 対義語・類義語 (20)

1	2	3	4	5	6	7	8	9	10

2×10

(七) 漢字と送りがな (10)

1	2	3	4	5

2×5

(八) 四字熟語 (20)

1	2	3	4	5	6	7	8	9	10

2×10

(九) 誤字訂正 (10)

	1	2	3	4	5
誤					
正					

2×5

(十) 書き取り (40)

1	2	3	4	5	6	7	8	9	10	11	12	13	14	15	16	17	18	19	20

2×20

これより下は記入しないこと。

年度
0 1 2 3 4 5 6 7 8 9
0 1 2 3 4 5 6 7 8 9
0 1 2 3 4 5 6 7 8 9
0 1 2 3 4 5 6 7 8 9

回 0 1 2 3 4 5 6 7 8 9
日程 A B C D E F G H I J K L M
N O P Q R S T U V W X Y Z
級 0 1 2 3 4 5 6 7 8 9
0 1 2 3 4 5 6 7 8 9

答案 うら

この用紙はおりまげたり、よごしたりしないでください。答えが書けなくても必ず提出してください。

乱雑な字や、うすくて読みにくい字は誤答となることがありますので、ご注意ください。

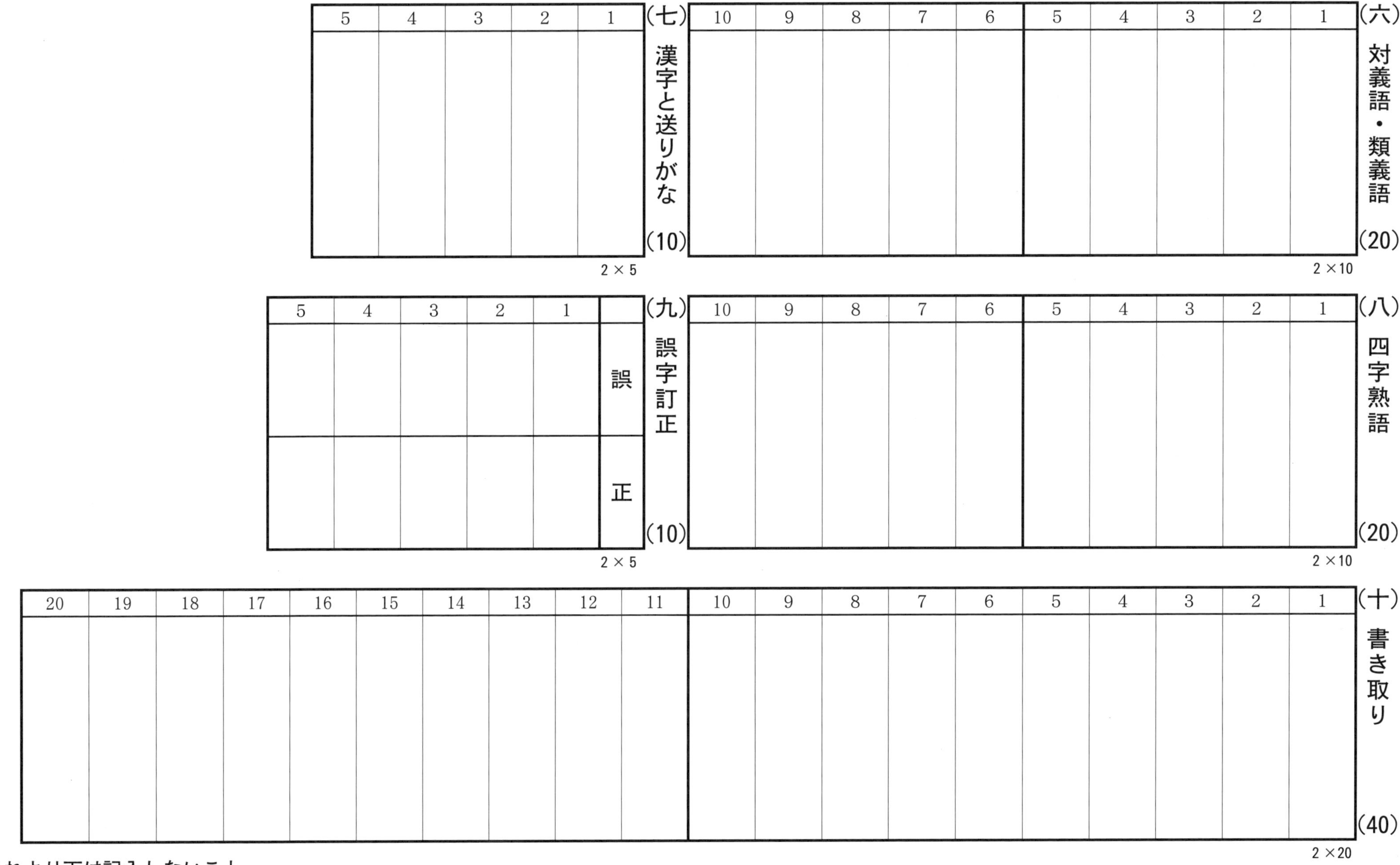

漢検 3級

2020年度 日本漢字能力検定 標準解答 1

検定日 2020年10月23日
(公財)日本漢字能力検定協会

▼問題・答案用紙は7〜10ページ

(一) 読み (30) 1×30

1	2	3	4	5	6	7	8	9	10
じゅんすい	ちょうしゅ	けいはつ	きゅうりょう	ごうじょう	きせき	れんけい	がいきょう	ゆうげん	たんか

11	12	13	14	15	16	17	18	19	20
さつばつ	じょうちゅう	げきれい	せきべつ	てんぷく	たいどう	しゅさい	はいじょ	もほう	きょしょく

21	22	23	24	25	26	27	28	29	30
くや	あら	ふく	あや	はか	の	ほさき	あざむ	さむらい	かみふぶき

合格者平均得点 27.0/30

(二) 同音・同訓異字 (30) 2×15

1	2	3	4	5	6	7	8	9	10	11	12	13	14	15
オ 岐	ウ 既	ア 棄	イ 巡	エ 潤	ウ 遵	ウ 姓	イ 牲	オ 請	イ 畔	エ 帆	ア 伴	オ 敷	ア 強	エ 締

合格者平均得点 26.5/30

(三) 漢字識別 (10) 2×5

1	2	3	4	5
カ 滞	オ 酵	コ 衝	イ 愚	ケ 湿

合格者平均得点 9.0/10

設問(二)〜(五)はマークシート方式です。

(四) 熟語の構成 (20) 2×10

1	2	3	4	5	6	7	8	9	10
ア	ウ	エ	オ	イ	ウ	ア	イ	エ	ウ

合格者平均得点 16.4/20

(五) 部首 (10) 1×10

1	2	3	4	5	6	7	8	9	10
エ 儿	ア 冖	イ 寸	イ 日	ウ 扌	エ 辰	ア 石	ア 艹	ウ 虍	エ 走

合格者平均得点 8.0/10

(六) 対義語・類義語 (20) 2×10

1	2	3	4	5	6	7	8	9	10
殊	順	理	衰	追	役	導	没	悟	明

合格者平均得点 14.8/20

(七) 漢字と送りがな (10) 2×5

1	2	3	4	5
赴い	含める	伏せる	試みる	著しかっ

合格者平均得点 6.7/10

(八) 四字熟語 (20) 2×10

1	2	3	4	5	6	7	8	9	10
器用	時代	緩急	創意	針小	気鋭	同体	無実	卓説	千万

合格者平均得点 12.8/20

(九) 誤字訂正 (10) 2×5

	1	2	3	4	5
誤	拡	途	協	墳	苦
正	確	渡	共	噴	駆

合格者平均得点 6.1/10

(十) 書き取り (40) 2×20

1	2	3	4	5	6	7	8	9	10
拍手	不吉	倹約	一匹	平凡	終了	炎天下	果敢	抑圧	白状

11	12	13	14	15	16	17	18	19	20
地獄	尺度	埋	怠	揺	削	淡	半	憎	生

合格者平均得点 31.8/40

漢検 **3級**

2020年度 日本漢字能力検定 標準解答 2

〔不許複製〕検定日 2020年10月31日
(公財)日本漢字能力検定協会

▼問題・答案用紙は11〜14ページ

(一) 読み (30)

1	2	3	4	5	6	7	8	9	10
きてい	きっぽう	せいれん	そくしん	かんべん	しょうこう	いしょく	しゅしょう	ふんしつ	よくよう

11	12	13	14	15	16	17	18	19	20
ほげい	さいたく	れいほう	ひくつ	きょうぐう	どうよう	とうき	ほうかい	そち	れいらく

21	22	23	24	25	26	27	28	29	30
どぎも	は	おこた	とつ	う	や	にわとり	ほのお	ねば	ただよ

1×30　合格者平均得点 26.9/30

(二) 同音・同訓異字 (30)

1	2	3	4	5	6	7	8	9	10	11	12	13	14	15
イ	ア	エ	ア	オ	ウ	エ	ウ	オ	オ	ウ	イ	ア	イ	エ
掌	焦	晶	悔	街	塊	脅	供	凶	浪	楼	漏	干	弾	秘

2×15　合格者平均得点 27.3/30

(三) 漢字識別 (10)

1	2	3	4	5
オ	イ	ケ	ク	ウ
鋳	敢	塗	悦	諾

2×5　合格者平均得点 8.4/10

設問(二)〜(五)はマークシート方式です。

(四) 熟語の構成 (20)

1	2	3	4	5	6	7	8	9	10
イ	オ	ア	ウ	ウ	イ	エ	ウ	エ	ア

2×10　合格者平均得点 15.7/20

(五) 部首 (10)

1	2	3	4	5	6	7	8	9	10
イ	ア	イ	イ	ウ	ウ	ア	エ	ア	エ
几	曰	辰	忄	殳	辶	厂	⺮	糸	舟

1×10　合格者平均得点 8.0/10

(六) 対義語・類義語 (20)

1	2	3	4	5	6	7	8	9	10
郊	護	北	隔	異	追	架	伏	略	非

2×10　合格者平均得点 15.7/20

(七) 漢字と送りがな (10)

1	2	3	4	5
湿っ	速やかに	企て	済ませ	叫ぶ

2×5　合格者平均得点 7.6/10

(八) 四字熟語 (20)

1	2	3	4	5	6	7	8	9	10
昼夜	胆大	名論	単純	意気	不滅	夢中	雨読	百戒	存亡

2×10　合格者平均得点 12.9/20

(九) 誤字訂正 (10)

	1	2	3	4	5
誤	寄	化	鋼	透	能
正	規	加	硬	凍	納

2×5　合格者平均得点 6.8/10

(十) 書き取り (40)

1	2	3	4	5	6	7	8	9	10
交換	香水	幻想	介入	巧妙	冷房	実施	刷新	密封	宿泊

11	12	13	14	15	16	17	18	19	20
忌	紺色	緩	辛口	乏	惜	渡	欠	涙	田舎

2×20　合格者平均得点 31.4/40

漢検

3級

2021年度 日本漢字能力検定 標準解答 3

〔不許複製〕検定日 2021年6月11日

(公財)日本漢字能力検定協会

▼問題・答案用紙は15～18ページ

(一) 読み (30) 1×30

合格者平均得点 27.1／30

1	ちぎょ
2	ばっすい
3	とつじょ
4	おんわ
5	さくぼう
6	ばくろ
7	ひとく
8	かいこ
9	えつらん
10	いしょう
11	ぼっとう
12	れいさい
13	しんずい
14	けいちょう
15	はんそう
16	くうきょ
17	きえん
18	せっしょう
19	ほうこう
20	しんく
21	のぼ
22	さ
23	たく
24	う
25	ひとふさ
26	しめ
27	ゆず
28	とじ
29	か
30	なだれ

設問(二)～(五)はマークシート方式です。

(二) 同音・同訓異字 (30) 2×15

合格者平均得点 27.9／30

1	エ	浪
2	イ	廊
3	オ	漏
4	イ	優
5	エ	幽
6	ア	誘
7	ア	伏
8	オ	覆
9	ウ	副
10	ウ	練
11	オ	廉
12	イ	錬
13	オ	飽
14	エ	挙
15	イ	空

(三) 漢字識別 (10) 2×5

合格者平均得点 7.9／10

1	キ	陳
2	エ	伴
3	ケ	嘱
4	イ	削
5	ク	偶

(四) 熟語の構成 (20) 2×10

合格者平均得点 16.4／20

1	エ
2	ウ
3	ア
4	オ
5	イ
6	ウ
7	ア
8	イ
9	エ
10	ウ

(五) 部首 (10) 1×10

合格者平均得点 7.6／10

番号	記号	部首
1	ウ	卩
2	イ	小
3	エ	辶
4	ア	木
5	ウ	艹
6	ア	月
7	イ	衣
8	エ	鹿
9	ウ	行
10	エ	冫

(六) 対義語・類義語 (20) 2×10

合格者平均得点 13.9／20

1	追
2	燥
3	楽
4	敏
5	揺
6	敢
7	邪
8	適
9	収
10	持

(七) 漢字と送りがな (10) 2×5

合格者平均得点 7.0／10

1	報いる
2	憎らしい
3	抱か
4	潜める
5	告げる

(八) 四字熟語 (20) 2×10

合格者平均得点 13.0／20

1	栄枯
2	前人
3	異口
4	変幻
5	名実
6	三文
7	万別
8	大敵
9	無双
10	一笑

(九) 誤字訂正 (10) 2×5

合格者平均得点 6.5／10

番号	誤	正
1	祖	礎
2	輸	由
3	較	隔
4	気	危
5	貫	幹

(十) 書き取り (40) 2×20

合格者平均得点 30.2／40

1	西欧
2	凶
3	肝要
4	阻止
5	粘土
6	伸縮
7	円滑
8	品格
9	形相
10	卓球
11	完了
12	浮上
13	花婿
14	焦
15	朽
16	惜
17	沼
18	授
19	怠
20	小豆

漢検 3級

2021年度 日本漢字能力検定 標準解答 4

〔不許複製〕検定日 2021年6月26日

(公財)日本漢字能力検定協会

▼問題・答案用紙は19〜22ページ

設問(二)〜(五)はマークシート方式です。

(一) 読み (30) 1×30

合格者平均得点 27.0/30

1	2	3	4	5	6	7	8	9	10
ふくし	さつえい	ぎょうこ	かいさい	ちょうきん	こ	そくばく	かんすい	だいたん	こよう

11	12	13	14	15	16	17	18	19	20
ふんそう	けいぼ	とふ	かれい	てんさく	えいたん	そそう	はれんち	ようけい	ほくおう

21	22	23	24	25	26	27	28	29	30
おとろ	き	おろ	まぼろし	おもむ	す	しぼ	ほが	あざむ	うわ

(二) 同音・同訓異字 (30) 2×15

合格者平均得点 27.2/30

1	2	3	4	5	6	7	8	9	10	11	12	13	14	15
オ	エ	ア	ウ	イ	ア	イ	ウ	オ	エ	イ	ウ	オ	ア	エ
霊	励	零	既	机	軌	芳	縫	胞	肝	甘	勘	悔	食	繰

(三) 漢字識別 (10) 2×5

合格者平均得点 8.2/10

1	2	3	4	5
オ	ク	ウ	ケ	カ
翻	苗	伏	蛮	穏

(四) 熟語の構成 (20) 2×10

合格者平均得点 15.8/20

1	2	3	4	5	6	7	8	9	10
イ	エ	ア	エ	ウ	ウ	オ	ウ	ア	イ

(五) 部首 (10) 1×10

合格者平均得点 8.1/10

1	2	3	4	5	6	7	8	9	10
エ	ウ	イ	ア	ア	ウ	イ	エ	ウ	エ
心	犭	穴	子	頁	行	阝	土	虍	艹

(六) 対義語・類義語 (20) 2×10

合格者平均得点 14.9/20

1	2	3	4	5	6	7	8	9	10
悲	任	孤	惜	虚	賢	念	処	危	諾

(七) 漢字と送りがな (10) 2×5

合格者平均得点 6.8/10

1	2	3	4	5
寄せる	伴っ	鮮やかな	崩れ	省く

(八) 四字熟語 (20) 2×10

合格者平均得点 13.4/20

1	2	3	4	5	6	7	8	9	10
古今	独断	気炎	沈思	公私	一貫	引水	棒大	二鳥	天外

(九) 誤字訂正 (10) 2×5

合格者平均得点 7.1/10

	1	2	3	4	5
誤	逃	障	互	偉	波
正	盗	衝	娯	遺	派

(十) 書き取り (40) 2×20

合格者平均得点 31.0/40

1	2	3	4	5	6	7	8	9	10
予告	盆	抽象	申請	平凡	上昇	心酔	封	面目	不審

11	12	13	14	15	16	17	18	19	20
隆盛	焦点	滝	忙	企	片言	扱	潤	憎	張

漢検 3級

2021年度 日本漢字能力検定 標準解答 5

〔不許複製〕検定日 2021年7月2日

(公財)日本漢字能力検定協会

▼問題・答案用紙は23～26ページ

(一) 読み (30)

1	2	3	4	5	6	7	8	9	10
ひょうはく	がいよう	しょうしん	たいのう	いりゅう	ぜんけい	けんやく	きっきょう	とうだん	しょうちゅう

11	12	13	14	15	16	17	18	19	20
きんかい	いこん	しゅしょう	げんけい	のうこん	ばんたん	とくじつ	せいそう	さくご	さいほう

21	22	23	24	25	26	27	28	29	30
すみえ	うなが	こお	すこ	へだ	ふく	く	はたあ	おお	くわだ

1×30

合格者平均得点 27.3/30

(二) 同音・同訓異字 (30)

1	2	3	4	5	6	7	8	9	10	11	12	13	14	15
オ揺	エ踊	イ擁	ア傾	ウ契	エ鶏	オ帝	イ訂	ア締	ウ措	イ阻	オ訴	ア巣	エ擦	ウ好

2×15

合格者平均得点 27.7/30

(三) 漢字識別 (10)

1	2	3	4	5
エ虐	ア譲	ク慕	カ哀	コ択

2×5

合格者平均得点 8.2/10

設問(二)～(五)はマークシート方式です。

(四) 熟語の構成 (20)

1	2	3	4	5	6	7	8	9	10
イ	オ	ア	ウ	エ	エ	ア	ウ	イ	ア

2×10

合格者平均得点 16.6/20

(五) 部首 (10)

1	2	3	4	5	6	7	8	9	10
ア立	エ行	イ儿	ウ田	エ⺮	イ貝	ウ氵	エ口	イ走	ア阝

1×10

合格者平均得点 8.0/10

(六) 対義語・類義語 (20)

1	2	3	4	5	6	7	8	9	10
理	逮	守	隆	重	憩	専	切	勘	余

2×10

合格者平均得点 14.3/20

(七) 漢字と送りがな (10)

1	2	3	4	5
安らかな	飽きる	及ぼす	励ん	退ける

2×5

合格者平均得点 6.8/10

(八) 四字熟語 (20)

1	2	3	4	5	6	7	8	9	10
玉石	冠婚	本末	順風	大器	奇策	九厘	応変	得失	千秋

2×10

合格者平均得点 13.9/20

(九) 誤字訂正 (10)

	1	2	3	4	5
誤	地	支	防	期	与
正	治	資	妨	記	予

2×5

合格者平均得点 7.3/10

(十) 書き取り (40)

1	2	3	4	5	6	7	8	9	10
免許	粗悪	絶句	香水	卑下	双方	駐車	市販	郊外	果敢

11	12	13	14	15	16	17	18	19	20
潜伏	脱出	胴	彫	滑	古株	払	著	桑	控

2×20

合格者平均得点 30.7/40